모두의 AI

컴북스 팸플릿

우리 사회의 정치, 경제, 사회, 문화 등 다양한 영역에서 시급한 진단과 해결책이 필요한 주제를 빠르게 출간하여 대중의 인식에 도움을 주는 기획입니다. 저자의 전문성과 주장 혹은 대안이 사회 진보에 기여하기를 희망합니다.

일러두기

- 인명, 작품명, 저서명, 개념어 등은 한글과 함께 괄호 안에 해당 국가의 원어를 병기했습니다.
- 외래어 표기는 현행 어문규정의 외래어표기법을 따랐습니다.

모두의 AI

김윤명

대한민국, 서울, 커뮤니케이션북스, 2025

모두의 AI

지은이 김윤명
펴낸이 박영률

초판 1쇄 펴낸날 2025년 6월 29일

커뮤니케이션북스(주)
출판 등록 2007년 8월 17일 제313-2007-000166호
02880 서울시 성북구 성북로 5-11
전화(02) 7474 001, 팩스(02) 736 5047
commbooks@commbooks.com
www.commbooks.com

CommunicationBooks Inc.
5-11, Seongbuk-ro
Seongbuk-gu, Seoul, 02880, KOREA
phone 82 2 7474 001, fax 82 2 736 5047

ISBN 979-11-430-0613-4 03500

책값은 뒤표지에 표시되어 있습니다.

머리말

AI 기본 사회를 위한 사회계약

논의의 필요와 접근 방식

인공지능 기술은 더 이상 특정 산업의 생산성 도구나 기술 혁신의 상징에 머물지 않는다. 오늘날 알고리즘은 사용자의 취향을 예측해 정보를 필터링하고, 챗봇은 관공서의 민원 창구를 대신하며, 의료 진단과 법률 자문까지 수행하고 있다. 기술은 선택 가능한 옵션이 아니라, 삶의 필수 조건이 되어 가고 있다. 이러한 변화는 기술 그 자체보다 기술이 인간의 삶을 '조율'하는 방식에 근본적인 질문을 제기한다.

이러한 기술의 중심화는 새로운 사회적 불균형을 야기한다. AI 기술은 이미 대기업, 고소득층, 특정 국가에 집중되어 있으며, 기술을 설계하고 통제하는 소수는 점점 더 많은 권력을 갖게 된다. 반면, 기술에 접근조차 하지 못하는 이들은 정보 · 서비스 · 기회에서 배제된다. 문제는 이러한 격차가 개인의 역량 부족에서 비롯된 것이 아니라,

기술 설계와 배포 과정에서 구조화된다는 점이다.

전통적인 사회계약은 산업 자본주의 시대의 조건 위에서 설계되었다. 개인은 노동을 제공하고, 국가는 복지를 제공한다는 교환 구조가 그것이다. 그러나 AI 시대에는 이러한 구조가 유지되기 어렵다. 인간의 노동이 자동화되고, 복지조차 알고리즘을 통해 분배되며, 결정 주체와 책임의 경계가 흐려진다. 이제는 '기술을 어떻게 정의할 것인가'가 사회계약의 핵심 질문으로 떠오른다.

이에 따라 새로운 사회계약은 '기술-권리'의 관계를 전제로 재구성되어야 한다. 국민은 AI를 이용할 수 있어야 하며, 그 이용에서 차별받지 않아야 하며, 기술이 내린 판단에 대해 설명을 요구하고 정정할 권리를 가져야 한다. 이것은 단순한 서비스 접근의 문제가 아니라, 인간의 존엄과 시민권에 관한 문제다.

이 책은 바로 이러한 배경에서 출발한다. AI 기술이 모든 사람에게 공정하게 작동하고, 그 수혜와 위험이 특정 계층에 집중되지 않도록, 권리와 책임, 공공성과 민주성을 기준으로 기술 사회를 재설계하고자 한다. 기술은 더 이상 가치중립적이지 않으며, 따라서 그 사회적 배치와 법적 통제는 공동체 전체가 숙의해야 할 새로운 사회계약의 문제로 등장한다.

접근 방식

이 책의 접근은 기술 그 자체의 기능적 진보보다는, 기술이 매개하는 사회 구조의 변화에 초점을 둔다. 우리는 더 이상 '기술이 무엇을 할 수 있는가'보다 '기술이 사회에 무엇을 하고 있는가'를 물어야 한다. AI는 판단하고 결정하며 분류하는 기능을 수행하지만, 그 판단이 사회적 불평등을 강화하거나 인간의 권리를 침해할 수 있다면, 기술은 정치적 문제이자 법적 대상이 된다.

기존의 AI 정책은 규제 완화나 산업 육성 중심의 프레임에 갇혀 있다. 이 책은 이러한 접근을 넘어서, 기술을 하나의 사회적 조건이자 권리의 기반으로 재정의하고자 한다. 즉, AI는 산업 정책의 대상이기 이전에 헌법적 · 공공적 사안이며, 이에 대한 논의는 공정성, 투명성, 책임성의 원칙을 중심으로 재구성되어야 한다.

특히 이 책은 AI를 '공공재'로 다루는 시각을 강조한다. 데이터, 알고리즘, 클라우드 인프라, AI 서비스 등은 이제 공공의 기반 위에서 작동해야 하며, 국민 누구나 이용할 수 있어야 한다. 이를 위해 데이터의 소유권과 접근권, 알고리즘의 편향성과 설명 가능성, 공공 AI의 책무성과 투명성 등이 핵심 논의 대상이 된다.

더불어 이 책은 시민이 기술 설계에 참여하고 감시하는

거버넌스 체계를 필수적 조건으로 간주한다. 기술이 사회 전체에 영향을 미치는 만큼, 기술의 결정과 설계 과정은 전문가 집단이나 기업의 전유물이 되어서는 안 된다. 시민 참여형 AI 거버넌스, 데이터 시민권, 알고리즘 배심제 같은 새로운 제도적 상상력이 요청된다.

따라서 이 책은 각 장에서 기술적 구조, 사회적 불균형, 법적 공백, 정책 설계 방향을 통합적으로 분석한다. 기술의 중립성이라는 신화를 넘어, AI가 어떤 사회를 만들고 있는지, 그 사회를 어떻게 구성원 모두의 삶의 기반으로 되돌릴 수 있을지를 묻는다. 이것이 바로 'AI 기본 사회'를 위한 사회계약의 출발점이다.

'모두'와 '기본'의 재발견

그동안 우리가 당연하다고 여겨왔던 '기본'과 '모두'라는 개념은 AI 시대에 들어서며 그 의미가 전면적으로 재구성되고 있다. 이는 단지 용어의 재정의가 아니라, 헌법 질서의 구조 전환을 요구하는 사유의 출발점이다.

'기본'은 더 이상 최소 생존의 보장이 아니다

전통적으로 '기본'은 인간의 생명을 유지하고 존엄을 지키기 위한 최소한의 조건으로 이해되었다. 식량, 주거, 교육,

의료, 노동 등은 이러한 생존 중심의 복지 국가적 기본권 체계에서 핵심 구성 요소였다. 그러나 오늘날 AI 기술은 인간의 삶에 대한 조건을 '기술적 참여' 여부에 따라 차별화하고 있으며, 단순한 생존이 아니라 사회적 소속과 판단 능력 자체를 좌우한다. AI가 인간의 의사결정 구조를 대체하거나 보조하는 환경에서 '기술의 비접근'은 곧 '사회적 배제'를 의미한다. 따라서 새로운 '기본'은 기술로부터의 보호가 아닌, 기술을 통한 실질적 참여의 보장이어야 한다.

'모두'는 형식적 평등이 아닌 실질적 접근을 뜻한다

'모두'라는 단어는 겉보기에 포용적이고 평등해 보이지만, 실제로는 구조적 불평등을 은폐할 위험도 있다. 기술 인프라와 교육, 언어 능력, 경제력, 지역 격차 등은 AI 기술에 대한 접근에서 결정적인 영향을 미친다. '모두의 AI'가 단순히 서비스를 개방한다는 의미에 그친다면, 사회적 약자는 여전히 소외될 수밖에 없다. 진정한 의미의 '모두'는 형식적 평등을 넘어, 실질적으로 접근하고 사용할 수 있는 권리로 설계되어야 한다. 이를 위해서는 AI 기본권, AI 리터러시 보장, 맞춤형 공공 서비스 등 적극적 정책 수단이 동반되어야 한다.

따라서 모두의 AI는 국민 모두가 AI 서비스를 이용함에 제한이나 차별을 받지 않고 이용할 수 있는 AI 서비스가 되어야 한다. 그러한 점에서 실질적이고, 사회적 권리로서 AI 기본권이 인정될 필요가 있다.

AI 시대의 '기본 사회'는 기술과 권리의 결합이다

'기본'은 더 이상 사회보장 제도의 내부 개념이 아니라, 기술 사회 전반에 대한 설계 원칙이 되어야 한다. 이는 권리 없는 기술 도입이 아니라, 권리를 전제로 한 기술 사회를 구성하는 패러다임의 전환이다. AI는 인간의 삶을 매개하고 판단을 구조화하는 도구이기에, 기술 자체가 헌법적 의미를 띠는 존재 조건으로 기능한다. 즉, 'AI 기본 사회'란 AI 기술에 대한 접근 · 통제 · 이용 · 설명 요구 · 이의 제기 등이 보편적으로 보장되는 디지털 사회계약의 체계로 이해되어야 한다.

전통적인 사회계약이 노동 구조에 따른 근간이었다면 기본 사회에서의 사회계약은 디지털 환경에 적합한 계약 내용을 구성해야 한다. AI를 통해 구현되는 세상이라는 점에서 AI를 제대로 활용하지 못할 경우, 경쟁에서 배제될 수 있다. 인간과 AI가 경쟁하는 시대가 아닌 AI를 잘 사용하는 사람과 그렇지 못한 사람과의 경쟁이 될 것이다. AI

에 접근할 수 있는 환경과 그렇지 못한 환경에서 볼 때, AI는 하나의 권력이 될 수 있다는 점에서 이러한 차이가 차별로 확대되지 않도록 AI 기본권의 실질적 보장이 이뤄지는 사회가 되어야 한다.

법과 헌법은 '기술 없는 기본'을 넘어야 한다

기존의 헌법 이론은 기술을 외부적 요인으로 간주해 왔으며, 대부분은 기술로부터의 보호라는 '방어적 권리 모델'에 기반해 왔다. 하지만 AI 사회에서는 기술이 기본권 실현의 수단이자 조건이 된다. 교육 받을 권리도 AI 튜터 없이 실현되기 어렵고, 행정 정보도 AI 기반으로 제공되는 시대에는 기술에 접근할 수 있어야만 권리를 행사할 수 있다. 즉, AI는 권리의 내용이자 방법이 되는 셈이다. 따라서 헌법 체계는 이제 기술 없는 기본권 논리에서 벗어나, 기술로부터 권리를 확장하는 모델로 전환되어야 한다.

'모두의 AI'는 새로운 사회계약의 조건이다

전통 사회계약은 '세금과 복지', '노동과 안전망'이라는 교환을 중심으로 구성되었다. 그러나 AI 사회의 기본 계약은 '데이터와 권리', '접근과 참여', '기술과 책임'이라는 새로운 조합으로 구성되어야 한다. 이때 '모두의 AI'는 AI 기술이 일부 기업이나 국가 권력의 소유물이 아니라, 시민 모두가 동등하게 접근하고 설계에 참여하며 책임을 공유하는 공공 자산임을 선언하는 개념이다. 법률과 정책은 이 새로운 계약의 문법에 따라, 기술의 공공화와 시민 참여의 제도화, 공정 분배의 원칙을 명시적으로 내장해야 한다.

'모두'와 '기본'은 AI 시대의 헌법적 기초다

결국 '모두'는 기술 포용의 대상을, '기본'은 기술로 구성된 삶의 조건을 재정의하는 개념이다. 국민 모두가 평등하고 행복한 삶을 누릴 수 있어야 한다. 모두에게 기본이 되는 삶이 되어야 한다. 그렇지만 현실에서는 차이가 있다. 따라서 AI 기본 사회는 이러한 '모두'와 '기본'의 재발견을 바탕으로, 기술과 권리의 관계를 재설계하고, 새로운 민주주의의 토대를 마련하는 시도다.

이 개념의 전환을 제도화하지 못한다면, AI 기술은 권리의 도구가 아니라 배제의 도구로 전락할 위험이 있다. 따라서 이 장의 논의는 향후 모든 정책 · 입법의 철학적 · 헌법적 기반이 되어야 한다.

AI 기본 사회 실현 전략

대한민국은 지금 기술의 전환점을 지나고 있다. 인공지능

(AI)은 더 이상 산업의 도구만이 아니라, 인간의 삶을 구성하는 '필수 조건'으로 변화하고 있다. 행정은 AI로 자동화되고, 교육은 AI 튜터와 함께 이뤄지며, 의료와 돌봄도 AI 기반 플랫폼 위에서 작동한다. 문제는 이 기술 전환이 과연 모두에게 공정한 기회로 주어지고 있는가 하는 점이다.

그동안 기술의 혜택은 불균등하게 분배되어 왔다. 고소득층과 대도시는 AI 기술을 빠르게 흡수하고 있지만, 농어촌 주민, 고령자, 장애인, 저소득층은 여전히 '기술 밖의 세계'에 머물러 있다. 인공지능은 기회의 문이지만, 통제되지 않으면 또 하나의 격차가 된다. 이제 우리는 이 기술을 모두의 삶을 위한 기반으로 재설계해야 한다. 그것이 바로 AI 기본 사회의 출발점이다.

AI 기본 사회는 기술로 국민의 기본적 삶을 실질적으로 보장하는 새로운 사회계약이다. AI는 더 이상 소수의 자산이 아니라, 모든 국민이 향유해야 할 권리다. 이재명 후보가 제안한 기본 사회는 주거, 의료, 교육, 돌봄, 교통, 정보 접근 등 국민의 삶 전반을 헌법상 권리로 실현하겠다는 선언이며, 기술 역시 그 일부로 포함된다. 국가는 이제 기술 기반의 삶까지 책임지는 방향으로 거버넌스를 전환해야 한다.

기존 복지 제도가 "일할 수 있어야 지원 받는다"는 전제에 기반했다면, AI 기본 사회는 "기술이 노동의 구조 자체를 바꾸는 시대"를 전제로 한다. 탈락자를 보조하는 정책이 아니라, 누구도 배제되지 않는 디지털 기반 안전망이 핵심이다. AI는 선택이 아니라 생존의 조건이며, 국민의 존엄을 지탱하는 사회적 인프라다.

그러나 기술 인프라만으로는 기본 사회가 실현되지 않는다. AI 기본 사회는 기술, 제도, 참여라는 세 축 위에 세워져야 한다.

첫째, 기술의 축으로는 공공이 주도하는 AI 인프라가 필요하다. 누구나 접근할 수 있는 국민 AI 비서, 지역 기반 디지털 도움 센터, 공공 데이터를 기반으로 작동하는 RAG 시스템 등이 핵심이다. 특정 기업에 의존하지 않고, 개방형 모델과 공공 데이터의 결합으로 모두의 AI를 실현해야 한다. 공공 데이터는 국민의 것이며, 그것을 통해 제공되는 서비스 역시 공공이어야 한다.

둘째, 제도의 축으로는 'AI 기본권 헌장' 제정과 '기본 사회 위원회' 설치가 요구된다. AI 접근권, 이용권, 설명 요구권, 포용권 등 새로운 사회권을 법제화하고, 이를 실행할 전담 기구를 통해 지속 가능한 정책 체계를 구축해야 한다. 이 위원회는 소득, 돌봄, 교육, 주거 등 복지 각 분야의 정책을 AI 시대에 맞게 재조정하는 역할을 맡는다.

셋째, 참여의 축으로는 기술 통제를 기술자에게만 맡기지 않는 참여형 AI 거버넌스가 필요하다. 시민, 기술자, 법률가, 정책가가 함께 참여하는 AI 거버넌스 체계를 구축해야 한다. 공공 알고리즘의 투명성, 영향 평가, 사전 인증 및 사후 모니터링 제도를 통해 기술의 공공성과 책임성을 확보해야 한다. 기술 민주주의는 선언이 아니라 구조화된 참여 설계로 가능하다.

AI는 인간의 삶을 돕는 도구여야 한다. 경쟁을 위한 기술이 아니라, 존엄한 삶을 위한 기술이 되어야 한다. 기술이 인간을 대체하는 사회가 아니라, 사람을 중심에 두고 기술이 주변을 채우는 사회가 바로 AI 기본 사회다.

기술 복지(tech-welfare)는 단순한 효율의 문제가 아니다. AI는 교육, 건강, 노동 등 인간다운 삶의 전 영역을 지지하는 공공 기반이 되어야 한다. 단절 없는 돌봄, 개인화된 교육, 데이터 기반 복지는 AI 없이는 실현되기 어렵다. 따라서 AI 기본권은 선택이 아닌 새로운 사회권으로 제도화되어야 한다.

지금은 기술 중심이 아니라 사람 중심의 AI 기본 사회로 나아가야 할 때다. 기술이 진보할수록 우리는 그 기술이 누구를 위한 것인지를 더 날카롭게 물어야 한다. AI 기본 사회는 그러한 질문에서 출발한 사회 비전이며, '모두의 AI'는 그것을 구현하기 위한 실천 전략이다. AI가 갖는 가치는 기술만을 의미하는 것이 아니라, 보편적으로 누려야 할 국민의 권리기도 하다.

이 책의 구성, 선정 이유

이 책은 총 10장으로 구성되며, 각 장은 AI 시대에 요구되는 권리의 재정의와 사회 시스템의 재설계를 다룬다. 1장은 AI 기본권의 헌법적 정당성과 제도화 방향을 논의한다. 2장부터 4장까지는 데이터 공공성, 공공 인프라 설계, 기술 복지와 분배 구조 등 AI 사회의 구조적 기반을 다루며, 5장과 6장은 시민의 기술 이해력과 노동의 변화에 주목한다. 7장은 AI 안전과 복원력의 제도 설계, 8장과 9장은 공공 서비스로서 '모두의 AI'를 어떻게 설계할 것인가에 대한 정책 비전과 기술적 구현 방안을 제시한다. 마지막 10장은 시민 참여형 AI 거버넌스를 중심으로, 기술을 시민권의 문제로 재구성하는 AI 기본 사회 사회계약의 최종 형태를 그린다.

1장. AI 기본권: 모두를 위한 새로운 권리

AI는 인간의 권리를 강화할 수도, 침해할 수도 있는 이중적 속성을 지닌다. 따라서 기술 발전에 수반되는 기본권의 새로운 체계를 구성하는 일은 시대적 과제가 되었다. AI 접근권, 설명 요구권, 데이터 자기 결정권, 차별 금지권 등은 기존 권리 체계에 포섭되기 어려운 새로운 권리 영역이며, 이를 독립된 AI 기본권으로 정의하고 헌법적 정당성을 확보할 필요가 있다. 이 장은 바로 이러한 디지털 시대의 시민권 확장을 본격적으로 제안한다.

특히 AI 기본권은 '기술이 국민을 선택하는 시대'가 아닌 '국민이 기술을 선택하는 시대'를 만들기 위한 권리 기반이다. 이러한 권리는 기존의 자유권 · 평등권 · 사회권과 교차하며, 새로운 사회적 갈등과 차별을 예방하는 도구로 기능해야 한다. 2장은 이론과 제도를 연결하고, 기술과 권리를 조화시키는 헌법적 상상력을 실천적으로 구체화하는 장이다.

2장. 모두의 AI를 위한 데이터: 데이터의 공공성

AI 기술의 동력은 바로 데이터다. 하지만 현재 데이터는 소수 기업에 집중되어 있고, 이로 인해 기술력뿐 아니라 사회 전체의 기회와 역량도 불균형적으로 배분되고 있다. 데이터의 공공성을 회복하지 않고서는 '모두의 AI'는 실현될 수 없다. 따라서 이 장은 데이터 소유권과 이용권, 공정 이용 원칙, 보상 구조 등 AI 시대의 데이터 사회계약을 재구성하기 위해 설정되었다.

데이터는 더 이상 사적 자산이 아니라, 공적 인프라의 일부로 간주되어야 한다. 공공 데이터의 활용뿐 아니라 민간 데이터의 공정한 이용, AI 학습을 위한 저작권 재설계, 데이터 편향 방지 등 기술적 · 법적 과제가 얽혀 있다. 2장은 이 모든 과제를 관통하는 질문인 "데이터는 누구의 것인가?"에 대한 사회적 합의를 이끌어내기 위한 이론적 · 정책적 기초를 다지는 장이다.

3장. 공공 AI 인프라: 국민 모두를 위한 AI 기술

AI 기술은 이제 필수 인프라로 기능한다. 하지만 고성능 연산 자원, 언어 모델, 클라우드 인프라 등은 소수 거대 기업에 의해 장악되어 있으며, 이는 기술 민주주의의 근간을 위협한다. 공공 인프라의 설계 없이는 민간 스타트업, 지방 정부, 공공 기관의 AI 활용은 구조적으로 불가능하다. 이 장은 바로 AI의 접근권을 물리적으로 실현하기 위한 국가적 설계 전략을 다룬다.

특히 국민 AI 비서, 공공 GPU 클러스터, API(Application Programming Interface) 개방 등의 사례를 통해, 공공이 개발한 AI 인프라가 어떻게 민간 혁신과 시민 권리를 동시에 촉진할 수 있는지를 구체적으로 보여 준다. 기술 주권과 공공 투자의 정당성을 함께 확보하는 정책적 모형을 제시하는 것이 이 장의 목적이며, 공공 AI 인프라는 '모두의 AI'를 가능케 하는 가장 실질적인 기반이 된다.

4장. AI 사회의 포용과 분배: 기술 복지 국가를 위해

AI 기술이 사회에 가져오는 혁신은 누구에게나 동일하게 도달하지 않는다. 기술의 수혜는 특정 계층과 지역에 집중되고 있으며, 디지털 격차는 오히려 심화되고 있다. AI를 포함한 디지털 전환이 사회 전반에 긍정적 영향을 미치기 위해서는 기술의 불평등 구조에 대한 적극적 개입이 필요하다. 따라서 이 장은 AI 기반 사회에서 '복지'가 아니라 '포용'과 '공정한 분배'로 개념을 전환할 필요성을 제기하며, 기술 복지 국가라는 새로운 정책 비전을 중심으로 구성되었다.

기존 복지 모델이 소득 기반의 위험 보호에 초점을 맞췄다면, 이 장은 기술 접근, 서비스 제공, 정보 격차 해소를 아우르는 복지 구조를 제안한다. AI 바우처, 지역 디지털 허브, 맞춤형 서비스 등은 AI 시대의 새로운 사회보장 제도가 되어야 한다. 이 장은 '기술로부터 소외되지 않을 권리'를 실현하기 위한 실질적 정책 수단과 제도 설계를 다룬다.

5장. AI 리터러시와 시민 문화: 기술 시대의 주체로 살기

기술은 이제 단순히 사용하는 도구가 아니라, 사회 참여와 결정에 영향을 미치는 '권력 구조'의 일부가 되었다. 따라서 시민이 AI를 이해하고 비판하고 설계할 수 있는 역량을 갖추는 일은 민주주의 지속 가능성의 핵심이 되었다. 이 장은 바로 그러한 문제의식에서 출발해, AI 리터러시를 새로운 시민권의 조건이자 디지털 시대의 교양으로 정의하고, 이를 실현하기 위한 교육과 문화 전략을 다룬다.

AI 리터러시는 단순한 기술 사용 능력을 넘어, 알고리즘의 작동 원리, 데이터 편향, 윤리 문제 등을 이해하고 사회적 대응을 이끌어내는 능력을 의미한다. 이를 위해 이 장은 교육 격차 해소, 세대 간 이해, 지역 중심 프로그램 등 실천 가능한 AI 교육 정책을 제안하며, 시민 사회의 역할, 디지털 공론장의 복원까지 함께 모색한다.

6장. AI와 함께 일하는 사회: 전환기의 일과 인간의 존엄

AI 기술은 일자리의 형식을 급격히 바꾸고 있다. 자동화, 플랫폼 노동, 알고리즘 관리 등은 전통적인 노동 개념을 해체하며, 새로운 유형의 노동 불안정성과 실업 위험을 낳고 있다. 이 장은 기술 발전에 따른 노동의 위기를 '단순 대체'가 아닌 '전환과 존엄'의 문제로 접근하며, 일의 의미와 복지의 구조를 새롭게 설계하는 데 초점을 둔다.

기본 소득, 전환 소득, 재교육, 플랫폼 책임 등은 단순한 대응책이 아니라, AI 시대 노동권의 구조적 재정립이다. 노동의 의미를 인간 중심으로 재정의하고, 인간과 AI가 협력하는 보조 노동 구조를 제도화하는 것도 이 장의 주요 논점이다. 기술의 발전이 인간의 존엄과 충돌하지 않도록, '노동 없는 사회'가 아닌 '새로운 노동의 사회'를 만드는 것이 이 장의 핵심 목적이다.

7장. AI 안전과 사회적 복원력: 기술 사회의 안정 구조

AI 기술은 이익과 효율성을 가져오지만 동시에 사회적 위험도 수반한다. 잘못된 자동 결정, 오작동, 알고리즘 조작, 사이버 공격 등은 개인뿐 아니라 사회 전체의 안전을 위협한다. 이 장은 AI를 국가적 차원의 안전 문제로 인식하고, 기술 리스크에 대응하는 법적 · 제도적 장치를 마련할 필요성에서 출발한다.

AI 안전은 단순한 기술적 품질의 문제가 아니라, 사회적 신뢰와 국가 복원력의 문제다. 따라서 AI 인증 제도, 킬 스위치(Kill Switch) 도입, 사이버 복원력 강화, 위험 알고리즘 모니터링 등 안전 정책과 거버넌스 체계를 종합적으로 다룬다. AI가 만들어 낼 불확실한 미래에 대응할 수 있는 사회적 자가 치유 능력의 설계가 이 장의 주된 목적이다.

8장. 모두를 위한 공공 서비스로서의 AI: 국민 AI 비서의 확장

AI는 공공 서비스의 접근성과 효율성을 획기적으로 높일 수 있는 기술이다. 특히 행정, 교육, 의료 등 국민 삶과 밀접한 영역에서 공공 AI 서비스가 보편적으로 제공된다면, 디지털 포용은 현실화될 수 있다. 이 장은 '국민 AI 비서'라는 실현 가능한 모델을 중심으로, AI의 공공 서비스화와 디지털 복지 인프라 확장 전략을 구체화한다.

'국민 AI 비서'는 단순한 민원 서비스가 아니라, AI 복지 국가의 상징이자 공공 기술의 실현체다. 이 장은 서비스의 보편화, 지속 가능성, 시민 참여 방식 등을 검토하고, 행정 혁신과 권리 강화의 연결 구조를 제안한다. 기술을 통한 성장이 다시 공공성으로 귀결되는 선순환 구조가 이 장이 지향하는 핵심이다.

9장. 모두의 AI를 작동시키는 기술: 국민 AI 비서의 구현 로드맵

'국민 AI 비서' 서비스는 한국어 기반 공공 언어 모델을 중심으로, 정책 안내, 민원 해설, 일정 알림 등 기능을 모듈형으로 구현하고, 정부24 · 구삐 · 공공 데이터 포털 등과의 연계를 통해 실질적인 행정 서비스를 제공하는 구조로 설계된다. 마이데이터 기반 맞춤형 응답, 설명 요구권 · 정정 요청 기능, 킬 스위치 등 신뢰성과 통제 가능성을 갖춘 기술 설계를 바탕으로, 특히 국민이 일상적으로 사용하는 네이버, 카카오톡, 토스, 행정 앱 등과의 연계를 통해, "말 걸면 응답하는 AI 비서"의 형태로 자연스럽게 접근할 수 있도록 해야 한다.

10장. 시민이 설계하는 AI 기본 사회: 기술 시대의 새로운 거버넌스

AI는 기술자와 기업, 정부만이 설계할 수 있는 대상이 아니다. 시민 역시 기술 정책의 결정과 감시에 참여해야 하며, 이를 위해 AI 기본 사회는 시민 참여형 거버넌스를 전제로 한다. 이 장은 AI 시대의 새로운 사회계약을 시민 중심으로 재정의하고, 실질적인 참여 구조와 민주주의 확장 방안을 제시하기 위해 마련되었다.

이재명 대통령이 표방한 '국민주권정부'는 국민의 일상적인 참여와 피드백의 순환 구조 안에서 재확인되는 거버넌스로 이해된다. 이러한 구상은 기술과 정치, 권리와 참여가 분리되지 않는 새로운 거버넌스 모델을 제시하며, AI 기본 사회는 이러한 구조를 제도와 기술이 만나는 지점에서 구체화할 수 있다.

공공 알고리즘 감사 제도, AI 기본 사회특별위원회, 시민 패널 같은 시민 주도형 기술 감시와 설계 구조는 디지털 사회의 신뢰를 구축하는 핵심 인프라가 된다. 'AI 거버넌스는 민주주의의 문제'라는 전제를 바탕으로, 시민과 기술이 공존하는 기본 사회의 운영 원칙을 이 장에서 총괄적으로 정리한다.

기대효과

'모두의 AI'는 기술을 특정 계층이나 기업의 전유물이 아닌, 국민 전체가 공유하는 공공 자산으로 전환하는 국가적 시도다. 이를 통해 AI 기술은 행정 서비스뿐 아니라 교육, 복지, 건강, 노동 등 다양한 영역에서 국민 개개인의 삶의 질을 실질적으로 향상시키는 도구로 자리매김하게 된다. 디지털 문해력이 낮은 고령자나 지방 거주자도 음성 기반 AI 비서를 통해 공공 서비스를 편리하게 이용할 수 있게 되고, 이는 정보 격차와 디지털 배제 해소라는 사회적 과제를 해결하는 데 기여할 것이다.

또한 '국민 AI 비서'는 국가가 보장하는 'AI 기본권'의 구체적 실현 수단으로 기능함으로써, 국민의 권리로서의 기술 이용이라는 새로운 사회적 기준을 제시한다. 설명 요구권, 이의 제기권, 데이터 자기 결정권 등 AI 시대의 새로운 권리는 이러한 공공 기술 인프라를 통해 현실화될 수 있으며, 이는 법적 권리로 정당화되고 제도화되는 AI 기본사회의 핵심 구성 요소가 된다. 아울러 민간 기술 의존도를 줄이고 공공 기술 주권을 확보함으로써, 디지털 주권의 민주적 분산이라는 구조적 효과도 기대할 수 있다.

무엇보다 '모두의 AI'는 시민이 직접 기술 설계와 통제에 참여하는 구조를 전제로 하기 때문에 단순한 서비스 정책을 넘어 참여 민주주의의 실현이라는 정치적 혁신을 가져온다. 국민은 AI 기술을 통한 행정 감시, 정책 비판, 권리 요구를 실현할 수 있는 능동적 주체로 자리 잡게 되며, 이는 기존 대의 민주주의가 가진 대표성과 응답성의 한계를 보완한다. 결국, '모두의 AI'는 기술 인프라를 통한 새로운 사회계약의 구현이며, 디지털 민주주의 시대를 여는 헌법적 전환의 실천이다.

이 책에서 논의되는 것도 다양한 의견 중 하나로, 언젠가 기술 발전과 사회적 합의를 통해 답을 만들어 갈 수 있기를 희망한다.

2025년 6월 3일,

파랑새의 '세상은 바뀌었다'는 말을 바람이 전해 준 그날

김윤명 씀

차례

01
AI 기본권: 모두를 위한 새로운 권리

AI 기본권의 정의와 헌법적 정당성

AI 기본권은 AI 기술이 국민 삶의 핵심 조건이 되는 시대에 등장한 새로운 유형의 사회적 기본권이다. 이는 헌법상 명문화된 전통적 기본권(예: 표현의 자유, 평등권, 개인정보 자기 결정권 등)과 긴밀히 연결되어 있으면서도, 기술 환경의 근본적 변화를 반영한 권리 구성의 확장을 의미한다.

AI 기본권은 크게 세 가지 측면에서 헌법적 정당성을 갖는다. 첫째, AI는 교육, 노동, 의료, 행정 등 핵심 공공서비스에 영향을 미치므로, AI 접근 자체가 삶의 질과 인간 존엄의 전제 조건이 된다. 둘째, 자동화된 결정(프로파일링)이 시민의 권리 실현에 직접 영향을 주는 시대에서는 설명 요구권과 인간의 개입이 절차적 정당성의 핵심이 된다. 셋째, AI 설계 · 운용의 편향성과 불투명성은 헌법상 평등권과 법치주의 원리에 위협적일 수 있다. 이러한 위협적인 환경에서 벗어날 수 있도록 알고리즘이 편향적인 결정을 거부하거나 그 적용을 배제할 수 있어야 한다.

결국, AI 기본권은 기술 진보의 수혜를 소수에 한정하지 않고, 모든 시민이 기술로부터 보호받고, 기술을 활용하며, 기술의 방향에 참여할 수 있는 권리 체계로 정당화된다.

AI에 대한 접근권과 이용권: 사회권으로의 확장

보편적 서비스 형태로서 'AI 접근권'은 누구나 AI 기술에 물리적 · 경제적 · 인지적으로 접근할 수 있는 기초적 권리를 의미한다. 이는 인터넷 접근권과 유사한 구조를 가지며, 디지털 격차 해소 정책과 직결된다. 단순히 하드웨어 · 소프트웨어의 제공을 넘어서, 교육, 언어, 문화적 장벽을 제거하고 공공 접근 인프라를 보장하는 것까지 포함된다.

또한, 'AI 이용권'은 보다 적극적인 권리 개념이다. 시민이 AI를 정보 탐색, 창작, 의사결정, 사회 참여의 수단으로 활용할 수 있는 실질적 역량과 권한을 보장받아야 한다. 이는 단순한 접근의 문제를 넘어 기술을 통해 삶의 기회를 창출할 수 있도록 하는 권리다.

AI에 대한 보편적인 접근권과 이용권은 오늘날 정보 사회에서 사회적 기본권의 새로운 형태로 구성되며, 특히 교육받을 권리, 문화생활권, 노동권 등 기존의 권리들과 융합적으로 실현된다.

데이터 자기 결정권과 알고리즘 투명성

개인정보 자기 결정권의 확장판으로서 '데이터 자기 결정권'은 시민이 자신의 데이터에 대해 어떻게, 어디서, 어떤 목적으로 사용되는지를 알고 결정할 수 있는 권리다. 이는 단순한 동의의 문제가 아니라, 데이터 흐름 전체를 이해하고 통제할 수 있는 능동적 권리를 의미한다. 「개인정보보호법」의 정보 주체 권리와 유사하지만, AI 시대에는 비식별 정보와 비정형 정보까지 포함되는 광범위한 영역으로 확장된다. 또한, 보다 넓게는 개인정보를 넘어 시민의 디지털화된 글이나 데이터까지 포함하는 것으로 이해할 수 있다.

알고리즘 투명성은 자동화된 의사결정 시스템이 어떻게 작동하고, 어떤 기준으로 판단하며, 결과에 어떤 영향을 미치는지에 대한 설명 가능성을 의미한다. 이는 기존의 「행정절차법」이나 「정보공개법」이 보장하던 이유 제시와 유사한 기능을 수행하며, 법치 국가의 기본 원리인 예측 가능성과 신뢰 형성의 전제 조건이다.

이처럼, AI 시스템이 시민의 삶을 결정짓는 메커니즘으로 기능하는 시대에, 정보 불균형과 권력 비대칭을 해소하기 위한 핵심적 통제 장치가 된다.

차별금지와 알고리즘 공정성

AI 시스템은 훈련 데이터에 기반해 작동하며, 이로 인해 사회적 편견과 구조적 차별을 그대로 재현하거나 강화할 위험이 크다. 인종, 성별, 장애, 연령 등과 관련된 차별은 알고리즘 모델링 과정에서 쉽게 은폐되고, 인간의 판단과 달리 수정되거나 설명되기 어렵다.

차별 금지는 헌법상 평등권의 현대적 확장이며, 자동화된 과정에서 나타나는 비가시적 차별을 제거하기 위한 실질적 개입 근거를 제공한다. 알고리즘 공정성은 통계적 중립성과 수학적 정확성을 넘어서, 사회적 맥락과 인권 감수성을 반영한 설계·운용 원칙을 포함해야 한다.

이를 위해 공공 알고리즘은 반드시 사전 영향 평가와 독립적 감사를 거쳐야 하며, 사적 AI 서비스 역시 불공정성 시정 절차를 법적으로 갖춰야 한다. 「AI 기본법」에서도 영향 평가 제도를 도입하고 있으나, 실질적인 영향 평가가 이뤄지기 어려운 구조다. 선택적이고, 권고적인 형태에 불과하기 때문에 AI가 가져오는 사회 문제에 대한 적극적인 대응은 물론, 사전적으로 문제점을 파악하기는 불가능한 제도다. 따라서 AI에 내재하는 위험성을 사전에 충분히 확인할 수 있는 기술적, 제도적 가이드라인이 제시되어야 할 것이다.

자동 결정에 대한 설명 요구권과 인간의 개입

AI의 자동 결정 시스템은 채용, 대출, 보험, 형사 사법, 교육 배정 등 다양한 영역에서 이미 작동하고 있다. 이를 프로파일링(profiling)이라고도 한다. 이러한 결정들은 시민의 권리를 직접 제한하거나 배제할 수 있기 때문에, 설명 요구권(right to explanation)은 AI 시대의 핵심적 절차권으로 기능한다.

설명 요구권은 단지 결과만이 아니라, 결정의 논리, 입력 정보, 모델 선택 근거에 대한 접근과 질의 권한을 포함해야 한다. 이에 더해, 시민은 부당하다고 판단한 자동 결정에 대해 사람의 검토를 요청하고, 재결정을 요구할 수 있는 인간 개입권(human intervention right)을 가져야 한다. 물론, 인간의 개입권은 구체적으로 인간이 알고리즘의 적용을 거부하거나 공개를 요구할 수 있는 적극적 권리로 이해할 수 있다.

이러한 권리는 AI 시스템에 대한 시민의 주체성과 법적 안정성을 확보하기 위한 필수 조건이며, EU의 「일반 데이터 보호 규정(GDPR, General Data Protection Regulation)」 제22조의 자동 결정 금지 원칙과 유사한 맥락에서 제도화될 수 있다. 「개인정보보호법」에서도 프로파일링에 대해서는 엄격하게 규제하고 있다.

AI 기본권의 입법적 실현 방안

이처럼, 'AI 기본권'은 선언적 수준에서 멈춰서는 안 되며, 실질적 법제화와 제도화가 필수적이다. 입법적으로는 우선, AI 권리를 선언적으로 규정하는 「AI 기본권 헌장」의 제정이나 「AI 기본법」의 전면적인 개정이 필요하다. AI 기본권에 대한 개념 정의와 그 유형으로 AI 접근권, 설명 요구권, 데이터 통제권, 인간의 개입, 차별 금지권 등 핵심 권리가 구조적으로 규정되어야 한다.

더불어 개별 법률에 분산된 권리 보호 조항을 체계화하고, 권리 침해 시 구제 절차 및 모니터링 기구(예: AI 기본사회특별위원회)를 통해 실질적 보호를 보장해야 한다. 특히, 공공 기관은 의무적으로 알고리즘 영향 평가를 실시하고, 시민이 참여하는 공공 알고리즘 감사 제도를 도입해야 한다.

궁극적으로 AI 기본권은 기존의 정보 기본권, 사회권, 평등권, 안전권 등을 기술 환경에 맞게 재정립하고, 새로운 시민권의 층위로 통합적으로 구성되어야 한다.

02
모두의 AI를 위한 데이터: 데이터의 공공성

AI의 학습 자원인 데이터는 단순한 소유물이 아니라 공공적 성격을 갖는 자산임을 강조한다. 데이터의 공정 이용, 보상 구조, 공공 데이터 개방 정책 등을 중심으로, 데이터 주권과 AI 독점 문제에 대한 법제도적 대응을 제안한다.

데이터는 누구의 것인가?

데이터는 21세기의 핵심 자산이자, AI 시대의 지식 생산과 기술 혁신의 원천이다. 그러나 데이터의 법적 지위는 여전히 모호하다. 전통적인 재산권 체계에서는 데이터가 물리적 객체가 아니기 때문에 명확한 '소유권' 개념으로 포섭되지 않는다. 더욱이 디지털 데이터는 복제와 공유가 용이하며, 다양한 주체가 동시에 접근 · 활용할 수 있어 기존의 배타적 소유 개념과 근본적으로 충돌한다.

이에 따라 최근에는 데이터에 대한 권리를 '소유권'이

아닌 '통제권'과 '접근권'의 관점에서 재해석하려는 움직임이 확산되고 있다. 통제권은 데이터를 생성하거나 제공한 주체가 자신의 데이터가 언제, 어떻게, 누구에게 활용되는지를 결정할 수 있는 권리이며, 접근권은 특정 목적이나 자격을 갖춘 이들이 데이터에 접근할 수 있도록 보장하는 권리다. 이 두 권리는 상호 보완적이며, 정보 주체와 공익 목적 사이의 균형을 추구하는 새로운 법적 질서를 구성한다. 개인정보 차원에서는 정보 주체인 개인이 개인정보에 대해 통제할 권리를 갖는다는 점에서 헌법상 개인정보 자기 결정권이라고 한다.

현행법에서는 「개인정보보호법」을 중심으로 통제권이 제한적으로 보장되고 있지만, 공공적 데이터 접근권은 제도적으로 미비한 상태다. 예컨대, 민간 기업이 보유한 대규모 검색 로그나 위치 정보는 AI 개발에 필수적 자원이지만, 공공은 이에 접근할 수 있는 권리가 없다. 반대로 공공기관이 수집한 데이터 역시 시민이 통제할 수 있는 시스템이 제대로 구축되어 있지 않다. 이는 곧 데이터 민주주의 실현을 가로막는 제도적 간극이다.

이러한 문제를 해소하기 위해서는 이중 권리 구조에 기반한 새로운 데이터 기본법이 필요하다. 시민은 자신의 데이터를 보호받을 뿐 아니라, 일정한 조건 아래 공공 목적을 위해 자신의 데이터를 활용하도록 동의할 수 있어야 하며, 그 동의 절차는 명확하고 투명해야 한다. 동시에 국가나 공공 기관은 사회적 편익이 높은 데이터 활용을 위해 민간으로부터 정당하게 데이터를 확보하고, 이에 대한 접근을 필요한 주체들에게 개방할 수 있는 권한을 보유해야 한다.

AI 학습을 위한 공공 데이터와 민간 데이터의 역할

AI 기술의 고도화를 위해서는 방대한 양의 학습 데이터가 필요하다. 이 데이터는 본질적으로 공공과 민간의 영역에서 축적되며, 양자 간의 역할은 서로 다르지만 상호 보완적이다. 공공 데이터는 신뢰성과 안정성이 높고, 행정 · 교육 · 보건 · 기후 등 사회 기반 영역에서 생성되기 때문에 사회 책임적 AI 개발에 필수적이다. 반면, 민간 데이터는 현실의 언어, 소비 행태, 감정, 트렌드 등을 반영하기 때문에 생성형 AI나 자연어 처리 모델에 반드시 필요하다.

문제는 이들 데이터가 각각 구조적 한계를 안고 있다는 점이다. 공공 데이터는 데이터베이스 구조로 체계화되어 있지만, 실제로 AI 학습에 바로 활용하기에는 형식적 제한이 많고, 정제나 가공이 부족한 경우가 많다. 반대로 민간 데이터는 양질의 콘텐츠를 제공하지만, 저작권 침해나 개인정보 노출 우려가 크며, 플랫폼 기업의 소유권 주장으로 접근이 제한된다. 결국, AI의 공공성과 혁신성을 동시에 확보하기 위해서는 공공과 민간 데이터의 경계를 잇는 데이터 융합 생태계가 필요하다.

이러한 융합은 단순한 데이터 통합이 아니라, 법적 · 기술적 중개 인프라를 통해 신뢰 기반으로 구축되어야 한다. 예를 들어 공공은 AI 학습에 적합한 데이터세트를 선별 · 재구조화하고, 민간과의 협약을 통해 필요한 데이터를 수집하거나 API 형태로 공유할 수 있다. 특히 '공익 AI 데이터 라이브러리' 같은 중립 기관을 두어, 비영리 목적의 연구자나 스타트업이 양질의 데이터를 합법적이고 안정적으로 사용할 수 있도록 지원해야 한다. 이러한 구조는 데이터 민주화의 실질적 조건이기도 하다.

기술적으로는 데이터 포맷의 표준화, 프라이버시 보호 기술(PETs), 기여자 식별 메커니즘 등이 필요하며, 법제도적으로는 AI 학습 목적의 데이터 이용에 대한 입법 정비도 요구된다. 특히 공공이 보유한 데이터를 AI 친화형으로 재구조화하는 사업은 단순한 행정 정보의 개방을 넘어, AI 기반 사회 혁신의 토대를 만드는 과정이다. 동시에, 민간 플랫폼에 대해서도 사회적 가치 창출에 기여할 수 있도록 법적 인센티브와 공정 이용 규범이 병행되어야 한다.

정책 방향으로는 첫째, 공공 데이터의 AI 적합성을 평가하고, 이에 기반한 'AI 학습 전용 데이터세트'를 구축하는 것이 시급하다. 둘째, 민간 기업과의 데이터 공유를 위해 '공공 신뢰 기반의 협약 시스템'을 구축하고, 데이터 기여자 보호 조항을 명문화할 필요가 있다. 마지막으로, 공공과 민간 데이터를 아우르는 '공익 AI 데이터 라이브러리'와 이를 서비스하는 플랫폼을 조성해, 스타트업, 연구자, 시민 단체가 자유롭게 데이터에 접근하고, 투명하게 활용할 수 있도록 해야 한다. 이는 곧 모두의 AI를 위한 데이터 인프라의 핵심이다.

데이터 공정 이용 원칙과 보상 구조

AI 모델은 대규모 데이터에 의존해 학습하며, 그 과정에서 텍스트, 이미지, 음성 등 다양한 유형의 디지털 콘텐츠를 수집·활용한다. 그러나 이들 데이터의 대부분은 누군가에 의해 창작되거나 기록된 것으로, 저작권 보호 대상이거나 개인정보 보호의 대상이기도 하다. 현재 AI 기업들은 공개된 웹사이트나 플랫폼에서 대량의 데이터를 크롤링해 모델을 훈련시키고 있으나, 정작 그 기여자들에게는 아무런 보상이나 통보가 이뤄지지 않는다. 이는 기술적 진보의 과실이 데이터 생산자에게 귀속되지 않고, 플랫폼 자본에게만 집중되는 구조적 불균형을 초래한다.

이 같은 상황에서 '데이터 공정 이용'이라는 새로운 법적·윤리적 원칙이 요구된다. 데이터 공정 이용이란 단순히 AI 기업의 자유로운 학습권을 보장하자는 것이 아니라, 데이터 제공자에게 기여에 상응하는 보상을 부여하면서, AI 기술의 발전도 위축되지 않도록 균형을 이루는 제도적 틀을 말한다. 이는 저작권의 폐쇄적 보호와도, 무제한 자유 이용과도 다른 제3의 길이며, AI 시대에 적합한 새로운 데이터 사용 패러다임이다. 특히 학습용 데이터의 사용 목적과 규모에 따라 구분된 보상 체계가 필수적이다.

일반적인 공정 이용과 달리, '데이터 공정 이용'에서 핵심은 머신 러닝의 정당성과 공공성을 확보하기 위한 보상 메커니즘의 설계다. 첫째, AI 학습에 사용된 데이터의 기여 정도를 추적할 수 있는 기술적 수단인 워터마킹, 로그 기록, 블록체인 기반 데이터 인증 등이 마련되어야 하며, 둘째, 그 기여 정도에 따라 수익의 일정 비율을 분배하는 'AI 데이터 보상' 같은 공공 기금 체계가 필요하다. 셋째, 비영리 목적이나 공익 목적의 학습에는 일정한 면책을 부여하되, 그 요건을 명확히 하고, 상업적 활용 시에는 별도 계약 또는 집단 라이선스 모델이 작동되도록 해야 한다.

또한, 데이터 제공자가 자신의 콘텐츠가 AI 학습에 활용되는 사실을 사전에 인지하고 통제할 수 있는 권리, 즉 opt-out 같은 '데이터 자기 결정권'이 보장되어야 한다. 이는 단지 동의서 한 장으로 해결될 문제가 아니라, 이용자 친화적인 동의 플랫폼, 투명한 이용 내역 공개, 이용 거부 시 대체 경로 제공 등의 체계적인 설계가 필요하다. 궁극적으로 AI 시대의 공정한 데이터 이용은 기술 중심이 아니라, 이용자 중심의 데이터 정의 재구축에 달려 있다.

이러한 방향은 법제도 개혁으로 연결되어야 한다. 구체적으로는 생성형 AI 학습 및 데이터 이용에 관한 특례법 제정, 집단 라이선스 제도의 도입, 데이터 기여 추적 및 보상 지침의 확립 등이 필요하다. 특히 공공이 중심이 되어 기여 기반 보상과 공익 면책이 병존하는 이중적 구조를 제도화해야 하며, 이는 데이터 생산자와 이용자, 기술 개발자 간의 이해관계를 균형 있게 조정할 수 있는 유일한 대안이 될 것이다.

AI 독점과 데이터 불균형의 제도적 대응

AI 경쟁의 핵심은 알고리즘이 아니라, 그 알고리즘을 학습시킬 수 있는 데이터에 있다. 앤드루 응(Andrew Ng)도 모델 중심에서 데이터 중심으로의 AI 중요성을 강조한 바 있다. 글로벌 플랫폼 기업들은 수년간 수십억 명의 이용자로부터 데이터를 수집하고, 이를 바탕으로 초거대 언어 모델과 AI 시스템을 개발해 왔다. 이들은 검색 엔진, 소셜 미디어, 온라인 상거래 등 다방면에서 데이터를 집중적으로 수집하면서 사실상 AI 시장에서 진입 장벽을 형성해 왔다. 이 과정에서 중소기업, 공공 기관, 연구자들은 필수 자원인 데이터에 접근할 기회를 상실하게 되었고, 이는 곧 기술 불평등의 주요 원인이 되고 있다.

데이터 독점은 단순한 경제적 문제를 넘어서 민주주의의 핵심 가치인 정보 평등과 권력 분산의 원칙을 위협한다. 특정 기업이 AI 모델과 그 학습 데이터를 독점함으로써, 정보의 흐름, 여론 형성, 공공 담론의 방향성까지 영향을 미치게 된다. 특히 AI 모델이 의사결정이나 추천, 분류 등의 기능을 수행하면서 사회적 판단의 자동화를 초래할 경우, 데이터 편향이나 왜곡이 전 사회적 영향을 미치는 사태로 연결될 수 있다.

이러한 문제에 대응하기 위해서는 데이터의 접근성과 분배를 제도적으로 보장하는 공공 데이터 거버넌스 체계가 필요하다. 첫째, AI 기업의 데이터 수집과 이용 실태를 조사하고, 일정 규모 이상 데이터를 보유한 기업에게는 공정거래위원회나 별도 감독 기구의 감시 · 규제를 받도록 해야 한다. 둘째, 필수 인프라에 해당하는 공공 AI 데이터 플랫폼을 구축하고, 데이터가 기술 독점의 수단이 아닌 공공재로서 기능하도록 유도해야 한다. 셋째, 민간과 공공 간 데이터 공유를 촉진하는 중재 기구 및 법적 근거가 요구된다.

특히, 스타트업이나 비영리 연구자가 사용할 수 있는 '공공 AI 데이터 라이브러리'를 조성하고, 이들에게는 데이터세트 이용 우선권이나 비용 감면 등의 혜택을 제공해야 한다. 이와 병행해 「공정거래법」이나 「데이터산업법」상 '데이터 중립성' 개념을 도입해, 플랫폼 기업이 보유한 데이터에 대해 타당한 기준 아래 제3자에게 공유하도록 하는 제도를 검토할 수 있다. 이는 기존의 망 중립성과 유사한 원리로, AI 시대의 새로운 공정 거래 기준이 될 수 있다.

궁극적으로는 데이터 집중 현상을 정보 독점의 문제로 인식하고, 기술 민주주의를 위한 분산형 데이터 정책을 마련해야 한다. 이는 단지 규제의 문제가 아니라, 공공성과 혁신을 동시에 추구하기 위한 구조적 설계의 문제이며, 국가 차원의 전략적 데이터 주권 확보를 위한 핵심 과제가 될 것이다.

데이터 공공성을 위한 법제와 거버넌스

데이터 공공성은 단순히 데이터를 공개(open data)하는 수준을 넘어서야 한다. 그것은 데이터가 사회 전체의 공동 자산으로 기능하도록, 수집 · 가공 · 분류 · 활용의 전 과정을 투명하게 관리하고, 시민의 참여와 통제가 보장되는 데이터 민주주의로 나아가야 함을 의미한다. 지금까지 데이터는 기술 관료주의와 플랫폼 기업의 영역에서 통제되어 왔으나, 앞으로는 시민 주체가 중심이 되는 공공적 데이터 거버넌스 체계로의 전환이 필요하다.

이러한 체계를 실현하기 위해서는 단순한 선언이나 법률 조항 몇 개로는 충분하지 않다. 첫째, 법제도적 기반 정비가 선행되어야 한다. 「데이터산업법」 또는 「공공데이터법」 개정을 통해 데이터의 공공적 정의와 활용 원칙, 운영 절차를 명문화하고, 데이터의 사회적 성격을 규정할 필요가 있다. 둘째, 기술적 차원에서는 데이터 수집 · 활용의 전 과정에 대한 기록과 공개가 가능해야 하며, 윤리적 기준으로는 데이터 주체의 권리와 통제권이 최우선 가치로 확립되어야 한다.

거버넌스 측면에서는 시민 참여의 제도화가 핵심 과제로 부각된다. 예컨대, 공공 기관이 AI 학습용 데이터를 수집할 경우, (가칭)시민데이터윤리위원회를 설치해 사전 심의와 사후 공개를 의무화할 수 있다. 이는 공공 데이터가 단지 국가 자산이 아니라, 시민이 제공하고 감시할 수 있는 민주적 자산임을 명확히 하는 방식이다. 동시에, 지역 단위에서는 '데이터 공동체' 모델을 통해 주민이 직접 데이터 제공 여부를 결정하고, 해당 데이터가 정책에 어떻게 활용되는지를 피드백 받을 수 있도록 하는 구조가 요구된다.

다만, 거버넌스의 지나친 규제적 성격은 공공 기관의 데이터 활용을 위축시킬 우려가 있으므로, 가이드라인 중심의 유연한 제도 설계가 병행되어야 한다. 시민윤리위원회를 별도 설치하는 것이 어려운 경우, 기존의 '공공 데이터전략위원회'나 '데이터정책위원회'가 가이드라인 심의 · 준수 여부 확인 · 분쟁 조정 등의 역할을 수행할 수 있도록 제도적으로 보완하는 방식도 고려할 수 있다.

이와 같은 다층적 데이터 거버넌스는 단순한 감시와 규제를 넘어, 시민이 데이터 기반 기술 사회에 실질적으로 참여하는 디지털 시민권의 구현으로 이어져야 한다. 데이터 공공성이란 국가가 데이터를 독점적으로 관리하는 체제를 의미하는 것이 아니라, 정부, 기업, 시민 사회, 전문가 등 다양한 주체가 권리와 책임을 분산적으로 공유하는 협치 모델을 지향하는 개념이다.

정책적으로는 다음과 같은 세 가지 과제가 우선적으로 추진되어야 한다. 첫째, 데이터 공공성을 명시적으로 규정하는 법제의 정비, 둘째, 공공 기관의 AI 학습 데이터 수집 시 공정성·적절성 평가 체계의 도입, 셋째, 지역 기반의 공공 데이터 시범 사업 확대 및 지역 참여형 데이터 활용 체계 구축이다. 이러한 제도적 기반은 데이터 중심 사회에서 시민의 권리를 실질적으로 보장하고, AI 기술 발전이 사회적 신뢰와 민주적 통제 위에서 작동하도록 하는 근간이 될 것이다.

AI 시대를 위한 「저작권법」과 공익적 재설계

AI 기술은 인간의 창작 활동과 유사한 결과물을 생성하는 새로운 기술 패러다임을 제시하고 있다. 자연어 처리 모델은 방대한 양의 텍스트와 음성을 학습하고, 이미지 생성 모델은 수많은 그림과 사진을 기반으로 새로운 이미지를 만들어 낸다. 이러한 과정에서 기존 저작물의 일시적 복제, 전처리, 재조합이 필연적으로 수반되며, 기존의 「저작권법」 체계와 충돌하는 사례가 빈번히 나타난다. 특히 생성형 AI는 인터넷에 공개된 웹문서, 출판물, 예술 작품 등을 광범위하게 학습 대상으로 삼고 있음에도 불구하고, 정당한 이용 허락이나 저작자 표기가 이뤄지지 않는 경우가 많아, 기술 기업과 창작자 간의 갈등이 격화되고 있다.

이러한 법적 충돌의 중심에는 텍스트 및 데이터 마이닝

(Text and Data Mining, 이하 TDM)의 합법성 여부가 자리 잡고 있다. 유럽연합은 「디지털 단일 시장 지침」을 통해 TDM을 명시적으로 허용하고 있으며, 일본은 TDM을 포괄적으로 허용하되 정당한 이용 목적에 대한 제한을 둔다. 미국은 명시적 규정은 없지만, 공정 이용(fair use) 원칙을 기반으로 AI 학습의 합법성을 다투는 판례들이 형성되고 있다. 그러나 우리나라는 TDM에 대한 명확한 규정을 마련하지 못한 상태다. 이로 인해 AI 개발자는 법적 불확실성 속에서 위축되고, 창작자는 무단 이용에 대한 불신을 키우고 있는 상황이다. AI 시대에 걸맞은 「저작권법」의 재설계는 더 이상 유예할 수 없는 과제가 되었다.

AI 기술과 저작권의 공존을 위한 제도 재설계는 세 가지 방향을 중심으로 추진될 수 있다. 첫째, AI 학습을 위한 데이터 활용에 일정한 면책을 허용하되, 그 범위를 학습 목적에 엄격히 한정하고, 생성물의 상업적 이용과는 분리해야 한다. 즉, 비영리적 학습과 상업적 활용 간의 경계를 명확히 해, 창작자의 경제적 권리를 침해하지 않는 방향으로 TDM 면책 규정을 설계해야 한다. 둘째, 저작권자 단체와 AI 기업 간의 '집단 라이선스 체계'를 제도화해, 현실적인 이용 허락 체계를 마련해야 한다. 이는 개별 권리자와의 개별 협상을 넘어서는 실효성 있는 대안으로 기능할 수 있다. 셋째, AI 생성물에 기여한 원저작자의 기여도에 따라 보상을 분배하는 기여 기반 보상 구조를 설계함으로써, 창작자에게 정당한 권리를 환원할 수 있어야 한다.

이러한 구조를 제도화하기 위해서는 'AI 학습 및 생성물 이용에 관한 특별 규정'이 필요하다. 법적으로는 AI 학습 시 이용되는 저작물에 대한 출처 표시 의무와, 이를 위반했을 경우의 제재 조항을 명확히 규정해야 한다. 기술적으로는 학습 데이터세트에 포함된 원저작자의 정보를 추적·식별할 수 있는 시스템을 병행 구축함으로써, 책임의 투명성을 확보할 수 있다. 동시에, TDM의 허용 요건을 법률상으로 명확히 구분해, 이용자와 창작자 모두가 예측 가능한 법적 환경에서 활동할 수 있도록 해야 한다.

결국 「저작권법」의 재설계는 단지 기존 규범의 연장선에 머물러서는 안 된다. AI 시대의 저작권은 더 이상 '배타적 소유권'이라는 전통적 프레임으로는 설명되기 어렵다. 창작은 기술과 결합해 새로운 형태로 진화하고 있으며, AI는 창작의 도구일 뿐 아니라 그 자체로 창작자적 기능을 수행하기도 한다. 그렇기에 저작권은 창작의 보호뿐 아니라, 사회적 창의성과 기술 혁신이 공존할 수 있는 질서로 재구성되어야 한다. 학습 데이터는 사회 전체의 공유 자산일 수 있으며, 기술 개발 또한 공공성과 정당성을 기반으로 이뤄져야 한다.

AI 시대의 「저작권법」은 창작자와 기술자, 그리고 시민 모두에게 신뢰와 예측 가능성을 제공할 수 있는 새로운 균형점을 설계해야 한다. 이는 단순한 법의 조정이 아니라, 기술 사회에서 '창작이란 무엇인가', '기여란 어떻게 정의되는가'를 재정의하는 문화적 · 철학적 과제이기도 하다. 공익적 재설계를 통해 저작권은 폐쇄적 통제가 아니라, 공동의 미래를 설계하는 플랫폼으로 진화해야 한다.

03
공공 AI 인프라: 국민 모두를 위한 AI 기술

공공 GPU·모델 클러스터의 구축과 배분

AI 기술 경쟁은 더 이상 알고리즘만의 문제가 아니다. 생성형 AI와 초거대 모델이 확산되면서, 학습과 실행을 위한 연산 인프라, 특히 고성능 GPU 클러스터의 보유 여부가 기술 주권과 혁신 역량을 좌우하게 되었다. 문제는 이러한 연산 인프라가 글로벌 빅테크 기업에 집중되어 있고, 국내 스타트업이나 공공 기관은 고비용과 낮은 접근성으로 인해 개발 경쟁에서 소외되고 있다는 점이다.

이러한 불균형은 단지 기업 간의 격차를 넘어, 국가 기술 주권과 사회적 형평성의 문제로 전이된다. 공공 분야가 자율적으로 AI를 설계하고 활용하지 못한다면, 교육·행정·복지 등의 핵심 영역이 외부 플랫폼에 종속될 위험이 커진다. 특히 공공 서비스에서의 AI 적용이 늘어나는 상황에서는, 연산 자원을 민간 의존 없이 확보하고 배분하는 구조가 반드시 필요하다.

이에 따라 정부는 국비 및 지자체 예산을 통해 공공 GPU 클러스터와 대규모 모델 훈련 인프라를 조성하고, 이를 사회적 가치 기준에 따라 배분하는 체계를 마련해야 한다. 지역 균형 발전과 스타트업 지원을 위해 지역별 AI 센터에 GPU 자원을 분산 제공하고, 사용 목적과 사회 환원 계획에 따라 우선순위를 설정할 수 있다.

AI 기술의 발전은 막대한 연산 자원을 필요로 한다. 특히 초거대 언어 모델과 영상 생성형 AI의 경우, 수천~수만 개의 GPU를 동시 활용해야 하며, 이로 인해 민간에서는 오직 일부 대기업만이 대규모 모델을 독점적으로 개발하고 있다. 연산 인프라의 집중은 AI 개발의 민주성과 형평성을 해치며, 스타트업과 연구자들에게는 AI 연구의 기회를 원천적으로 제한하게 된다.

이를 해결하기 위해 정부는 '공공 GPU 클러스터' 및 '모델 훈련 클러스터'를 구축해야 한다. 이들은 단순한 장비 지원을 넘어 기술 개발의 기반 인프라로 작동하며, 공공기관 · 대학 · 소셜 벤처 · 비영리 단체 등에게 공정하게 배분될 수 있도록 제도화해야 한다. 이를 통해 지역 간 기술 격차도 완화할 수 있고, 특정 수도권에 집중된 AI 생태계를 다극화하는 효과도 기대할 수 있다. 이러한 인프라는 공공 주도로 설계하되, 민간 협업을 통해 효율성을 극대화할 수 있다. 예를 들어 공공 GPU 자원을 일정 비율 민간에 유료 또는 조건부로 개방하고, 그 수익을 다시 AI 교육이나 공익 연구에 환원하는 순환 구조가 가능하다. 단, 자원의 배분 기준은 투명하고 공정하게 설정되어야 하며, 이용 이력과 성과 평가가 병행되어야 한다.

정책적으로는 「국가 초고성능컴퓨터 활용 및 육성에 관한 법률」(이하, 「초고성능컴퓨터법」)의 개정을 통해 이러한 인프라의 설치 근거와 운영 기준을 마련할 수 있다. 이를 기반으로 전국 단위의 'AI 슈퍼 컴퓨팅 공공망'을 조성하고, 중소기업과 지역 대학이 이를 기반으로 AI 개발을 수행할 수 있는 구조를 지원해야 한다. 궁극적으로 이는 디지털 주권의 핵심 인프라가 될 수 있다.

궁극적으로 공공 AI 연산 인프라는 국가 디지털 주권의 기반이자, 기술 민주주의 실현을 위한 사회적 공유 자산으로 기능해야 한다. 이 인프라 위에서 혁신이 이뤄지고, 소수에게 집중된 AI 기술의 혜택을 국민 모두가 공유할 수 있도록 해야 한다.

언어 모델 기반 공공 서비스의 설계 원칙

언어 모델은 AI 기술 중에서도 가장 인간 친화적인 인터페이스를 제공한다. 언어 모델 기반 AI는 행정, 교육, 복지, 상담 등 다양한 공공 서비스 분야에서 그 활용 가능성을 입증하고 있다. 특히 자연어 처리 능력이 발전하면서, 시민과의 질의응답, 문서 요약, 민원 응대 등의 영역에서 정부는 언어 모델 기반 챗봇을 도입해 서비스 효율성을 크게 높이고 있다. 그러나 이러한 공공 AI의 활용은 민간 모델을 그대로 사용하는 것에서 나아가, 공공 철학과 정책 목표를 반영한 설계 원칙이 전제되어야 한다. 행정 상담, 민원 응대, 교육 보조, 공공 정보 탐색 등 다양한 분야에서 대규모 언어 모델(LLM, Large Language Model)을 기반으로 한 서비스는 급속히 확산되고 있으며, 이는 공공 서비스 혁신의 새로운 표준이 되고 있다.

공공 언어 모델은 상업적 목적의 서비스와 달리, 정확성, 공정성, 포용성, 책임성을 우선으로 설계되어야 한다. 예를 들어 복지 상담용 챗봇은 정보 누락 없이 최신 법령을 반영해야 하고, 다문화 · 고령층 · 장애인 등 다양한 사용자의 언어 이해도를 고려한 설계가 필요하다. 또한, 편향된 데이터로부터 훈련된 상업 모델의 경우 특정 계층에 불리한 응답을 할 수 있기 때문에, 공공 모델은 그 훈련 데이터에서부터 윤리성과 대표성이 확보되어야 한다.

이러한 언어 모델의 설계에는 투명한 기준과 공개된 알

고리즘 검토가 필수적이다. '공공 알고리즘 감수성 지침'이나 '언어 모델 설계 표준'을 수립해, 누구나 그 알고리즘의 작동 방식을 이해하고 검토할 수 있어야 하며, 문제가 발생했을 경우 책임 소재를 분명히 할 수 있어야 한다. 이는 단순한 기술 도입이 아니라, 민주주의 원리와 공공 신뢰를 기반으로 한 기술 설계의 문제다.

정책적으로는 정부 주도의 '공공 언어 모델 개발 로드맵'을 마련하고, 이를 통해 행정안전부, 복지부, 교육부 등 분야별 수요에 맞춘 언어 모델을 단계적으로 개발할 필요가 있다. 민간 모델의 API 활용이 불가피할 경우에도, 공공 목적에 맞춘 별도 커스터마이징을 의무화하고, 상업 모델의 폐쇄성과 편향을 보완할 수 있는 '공공 검증 레이어'를 구축해야 한다. 언어 모델 기반 공공 서비스는 단지 효율이 아닌, 국민의 권리를 실현하는 디지털 행정의 핵심 수단이다.

그러나 상업적 AI 모델은 그 설계 목적, 학습 데이터, 운영 기준이 공공성과는 어긋난 방식으로 구성된 경우가 많다. 예컨대, 응답이 광고에 편향되거나, 소수자 혐오 표현을 필터링하지 못하거나, 정책적 중립성이 결여된 정보가 전달될 수 있다. 따라서 공공 AI 서비스에 언어 모델을 도입할 때는, 단순한 성능 중심이 아니라 설계 철학, 가치 기준, 사회적 책임이 핵심 기준이 되어야 한다.

국민 AI 비서: 공공 AI의 실현 모델

'국민 AI 비서'는 AI 기술을 국민 개개인의 일상에 직접 연결시키는 공공 서비스의 결정판이라 할 수 있다. 이 개념은 단순한 챗봇이나 행정 도우미를 넘어, 국민의 삶 전반에 걸친 정보 접근, 권리 실현, 정책 안내, 민원 해소 등을 AI를 통해 해결하는 구조를 지향한다. 기술이 특정 계층의 전유물이 되는 것을 막고, 누구나 쉽게 활용할 수 있는 형태로 제공되며, AI가 일상 속 '공공 서비스의 접근 통로'로 기능하게 한다는 점에서 사회적 의미가 크다.

정책적으로는 국민 AI 비서의 개발 및 운영에 관한 법적 근거를 마련해, 개발 주체, 이용 기준, 개인정보 보호, 공공 책임, 시민 피드백 메커니즘 등을 명문화할 필요가 있다. 이 서비스는 단순한 AI 도입이 아니라, 국민의 디지털 주권을 실현하는 새로운 행정 혁신의 모델로 작동해야 하며, 이에 걸맞은 법·제도적 뒷받침이 필요하다.

'국민 AI 비서'는 모든 국민이 디지털 기술을 통해 정보에 접근하고, 공공 서비스를 이용하며, 일상적 행정 절차를 수행할 수 있도록 지원하는 통합형 AI 시스템이다. 이는 단순한 챗봇 수준의 기술을 넘어, 다양한 행정 데이터를 통합하고, 개별 시민의 상황에 맞춘 응답을 제공하는 사회적 인프라다.

'국민 AI 비서'는 하나의 고정된 애플리케이션이 아니라, 다양한 플랫폼을 통해 작동할 수 있다. 예를 들어 행정 정보 통합 안내, 복지 혜택 알림, 교육 콘텐츠 추천, 지역 기반 정보 제공 등을 음성 또는 문자 기반으로 제공하며, 노인이나 디지털 소외 계층도 쉽게 사용할 수 있도록 설계되어야 한다. AI가 사회보장 제도의 안내자이자 정책 연결자의 역할을 수행함으로써, 행정 서비스의 실효성과 접근성을 획기적으로 개선할 수 있다.

이러한 시스템은 특히 디지털 소외 계층에게 커다란 의미를 갖는다. 고령자, 장애인, 저소득층은 복잡한 행정 용어나 온라인 절차에 익숙하지 않으며, 정보 격차로 인해 공공 서비스로부터 이중적으로 배제되는 경우가 많다. 국민 AI 비서는 음성 기반 응답, 자동화된 설명 기능, 단계별 절차 안내를 통해 이러한 격차를 해소할 수 있다.

이 시스템은 단순 정보 제공을 넘어 행정 신청, 복지 자격 확인, 교육 자료 추천, 지역 공시 안내 등 다양한 기능을 수행할 수 있어야 하며, 각 기능은 개인정보 보호, 오용 방지, 사용자 개입 기능과 함께 설계되어야 한다. 법적으로는 '국민 AI 비서'를 도입할 수 있도록 법적 근거를 통해 데이터 이용 목적과 범위, 안전장치, 운영 책임을 규정해야 한다. 이는 「전자정부법」을 통해서도 충분히 구현 가능할 것이다. 또한 「AI 기본법」이나 「디지털포용법」의 개정을 통해 근거를 마련할 수 있을 것이다.

그러나 '국민 AI 비서'는 민감한 개인정보와 행정 데이터를 활용한다는 점에서 보안성과 투명성이 필수적으로 담보되어야 한다. 모든 질의응답 데이터는 비식별 처리되어야 하며, 서비스 제공자는 AI 응답의 출처, 근거, 한계 등을 사용자에게 명확히 안내해야 한다. 또한, 잘못된 정보 제공으로 인해 국민에게 불이익이 발생할 경우 책임 귀속이 명확한 제도도 함께 마련되어야 한다.

무엇보다, '국민 AI 비서'는 기술 민주주의의 현실화이며, 디지털 사회에서의 행정권 보장과 정보 접근 평등 실현의 핵심 도구가 될 수 있다. 이 서비스가 국가 주도로 안정적으로 제공될 때, AI는 특정 계층만의 기술이 아니라 모두의 권리로 전환될 수 있다.

공공 AI와 기존 민원·행정 시스템의 통합

전자 정부는 2000년대 이후 한국이 선도적으로 추진한 디지털 정책이지만, 행정 절차는 여전히 시민의 경험에서 비효율적이고 파편화된 구조로 운영되고 있다. 특히 민원 서비스는 부처별로 분산되어 있고, 동일한 정보나 서류를 반복적으로 요구하며, 고령자나 비문해층에게는 여전히 접근이 어렵다.

AI는 이러한 구조적 병목을 해소할 수 있는 기술적 해법이다. 자동화된 민원 분류, 음성 인식 기반의 민원 안내, 상황 기반 추천 기능을 통해 보다 직관적이고 예측 가능한 행정 경험이 가능해진다. 그러나 이를 위해서는 단순한 기술 접목이 아닌, 공공 데이터 연계, 알고리즘 책임성, 절차적 공정성 확보를 동반한 제도적 통합이 요구된다.

또한 AI가 행정 결정에 개입하게 되는 경우, 결정의 합법성, 책임 소재, 설명 요구 가능성 등 기본권 차원의 검토가 필요하다. 따라서 AI 기반 행정 시스템은 반드시 인간 관리자와 병행 운영되어야 하며, 시민이 AI 응답에 대해 이의 제기를 할 수 있는 절차도 법적으로 보장되어야 한다.

공공 행정과 AI의 통합은 전자 정부를 '지능형 정부'로 전환시키는 중대한 전환점이다. 기술의 효율성만이 아니라, 시민권 보장과 공공 책임 구현이라는 원칙 아래 설계될 때, 그 정당성을 확보할 수 있다.

기술 주권과 공공 투자의 정당성

AI 기술이 사회의 모든 영역을 관통하는 시대로 접어들면서, 그것을 누가 통제하고 관리하는가라는 질문은 곧 국가 주권의 핵심 문제로 떠올랐다. 특히 언어 모델이나 행정용 AI 시스템이 외국 기업의 API와 서버에 의존할 경우, 국민의 개인정보, 공공 정책 결정, 민감한 사회 정보까지 외부 통제하에 노출되는 결과를 초래할 수 있다. 이는 단순한 기술 문제를 넘어 헌법적 권리와 정보 주권 침해로 이어질 수 있다.

따라서 공공 AI 인프라는 단지 행정 효율성을 위한 투자 대상이 아니라, 국민의 권리와 국가의 주권을 보호하기 위한 디지털 기반 시설로 이해되어야 한다. 국방, 에너지, 식량과 마찬가지로, AI 인프라 역시 전략적 산업 자산이자 헌법 질서의 구성 요소로 인정될 필요가 있다.

AI 기술의 발전은 더 이상 단순한 산업 경쟁의 문제가 아니라, 국가의 기술 주권과 시민의 기본권 실현 문제로까지 확대되고 있다. 구글, 메타, 오픈AI 같은 초국적 기업들이 AI 기술을 주도하면서, 한국은 핵심 인프라와 언어 모델에 대한 자립성을 상실할 위기에 놓여 있다. 이러한 상황에서 공공의 투자와 개입은 단순한 산업 진흥이 아니라, 국가의 디지털 주권을 수호하기 위한 필수 전략으로 인식

되어야 한다.

공공 투자가 정당성을 가지려면 두 가지 조건을 충족해야 한다. 첫째, 기술이 특정 집단이나 대기업의 이익이 아니라 국민 전체의 이익으로 환원될 수 있어야 하며, 둘째, 그 기술이 국가 안보, 행정, 교육, 복지 등 사회 기반 영역에 안정적으로 적용될 수 있어야 한다. 공공 투자는 미래 기술의 확보뿐만 아니라, 사회적 불평등 해소, 지방 균형 발전, 교육 격차 해소 등 다양한 정책 목표를 동시에 실현할 수 있다.

그러나 여전히 일부에서는 "AI는 민간이 주도해야 한다"는 시각이 존재한다. 이는 시장 효율성 측면에서는 타당할 수 있으나, AI가 사회 전체의 규범, 가치, 권리를 구조화하는 기술이라는 점에서 공공이 개입하지 않을 경우, 민주적 통제가 불가능한 기술 권력의 집중을 초래할 수 있다. 특히 언어 모델, 감정 분석, 자동화된 판단 시스템 등은 공공 가치와 충돌할 수 있으므로, 초기 개발 단계부터 공공의 역할이 필수적이다.

정책적으로는 공공이 수노하는 AI 투자 사업의 타당성을 정당화할 수 있는 기준을 마련하고, '기술 공공성 평가 제도'를 도입할 필요가 있다. 이를 통해 국민 세금이 투입되는 기술 사업이 어떻게 사회 전체에 기여하고, 어떤 방식으로 위험을 최소화할 수 있는지에 대한 기준을 수립해야 한다. 이는 기술 주권과 사회 책임의 균형을 실현하는 공공 혁신의 핵심 과제다.

이를 위해 정부는 공공 자금으로 개발된 AI 기술과 인프라에 대해 민간의 상업적 독점을 방지하고, 일정한 공공 목적 사용을 의무화해야 한다. 예컨대, 공공 예산으로 구축한 모델은 일정 기간 이후 누구나 활용할 수 있도록 개방하고, 핵심 기술은 공개 API 또는 개방형 라이선스를 통해 사회 전체가 이용할 수 있도록 해야 한다.

공공 투자의 정당성은 바로 이 사회적 환류 구조에서 확보된다. 국가가 국민의 세금으로 구축한 AI 시스템은 단순히 성능 좋은 알고리즘뿐만 아니라, 공공성을 내장한 기술 자산이 되어야 한다. 그것이 공공 AI 인프라의 핵심 존재 이유다.

API 개방 정책과 스타트업 접근성 보장

AI 기술의 발전과 함께 API는 소프트웨어 산업의 핵심 자산이 되었다. 특히 대형 언어 모델, 이미지 생성 모델, 음성 인식 API 등은 자체 개발이 어려운 중소기업 · 스타트업에게 매우 중요한 개발 도구이자 성장 기반이다. 하지만 이 API들이 대부분 대기업에 의해 통제되고, 고비용으로 제공되거나 폐쇄적으로 운영되면, 혁신 생태계는 빠르게 위축될 수밖에 없다. 기술은 존재하지만, 접근할 수 없는 구조는 민주적 기술 발전을 저해한다.

공공이 보유한 AI 모델과 데이터, 연산 인프라는 민간 기업, 특히 스타트업이 자유롭게 접근할 수 있도록 개방형 API 형태로 제공되어야 한다. 이는 기술 생태계의 다양성과 혁신 속도를 보장하는 조건이며, 기술 독점 구조를 완화하는 데도 매우 효과적이다. 그러나 단순한 개방만으로는 충분하지 않다. 공공 API는 공정하고 투명한 이용 기준과 책임 체계를 갖추어야 한다.

스타트업은 특히 비용과 인프라에서 열위에 있기 때문에, 공공 API 개방 정책은 이들을 우선 수혜 대상으로 설계되어야 한다. 예를 들어, 일정 규모 이하 기업에는 연산 자원과 API 트래픽을 무상 또는 감면 제공하고, 제품 개발 및 시범 테스트를 위한 'AI 테스트베드 프로그램'을 운영할 수 있다. 기술 설명서, 샘플 코드, 기술 멘토링 같은 비기술 자원의 지원도 중요하다.

이에 따라 공공이 자체 개발한 AI 모델의 API는 공공재의 성격을 갖고, 스타트업이나 연구자가 자유롭고 공정하게 활용할 수 있도록 개방되어야 한다. 이를 통해 민간 혁신을 촉진하고, 시장 내 경쟁력을 높일 수 있다. 단, API 개방은 기술 도용, 악용 우려가 있으므로, 이용 자격 요건과 이용 기록 관리 체계가 병행되어야 한다. 또, 데이터 사용 시 개인정보 및 저작권 침해 방지 조치를 의무화하는 'AI API 윤리 기준'도 함께 수립되어야 한다.

API 개방은 단순히 소스코드를 나누는 것이 아니라, 기술 인프라의 재분배이기도 하다. 공공은 기술을 독점하거나 규제하는 것이 아니라, 활용 가능한 환경을 조성하고, 누구나 기술에 참여할 수 있는 기회를 제공하는 역할을 수행해야 한다. 이를 위해 국가 차원의 'AI 공공 API 허브'를 운영하고, API 활용 교육 및 컨설팅 지원도 제공할 수 있다.

정책적으로는 '공공 AI API 제공 및 운영에 관한 지침'을 마련해, 모든 공공 모델이 일정 수준 이상의 개방성을 갖도록 의무화해야 한다. 동시에 스타트업에 대한 API 이용료 감면, 테스트베드 제공, 공동 개발 프로젝트 등의 인센티브 제도를 운영해, AI 혁신이 스타트업과 함께 성장할 수 있는 구조를 조성해야 한다.

또한 공공 API를 이용해 서비스를 만든 민간 기업에게는 일정한 사회적 기여를 환류하도록 유도할 수 있다. 예컨대, 국민 AI 비서에 탑재 가능한 민간 앱을 만든 기업은 우선 배포 기회를 부여받되, 기술 일부를 공개하거나, 공공 프로젝트에 협력하는 조건이 붙을 수 있다. 공공 API는 단지 통로가 아니라 디지털 자원의 공유 인프라다. 이 구조가 신뢰를 기반으로 작동하기 위해서는, 기술은 물론, 법률, 윤리, 경쟁 질서에 대한 종합적인 설계가 필요하다.

공공 투자와 민간 혁신의 균형 설계

AI 생태계를 건강하게 발전시키기 위해서는 공공과 민간의 역할이 조화를 이루는 구조가 필요하다. 공공은 기술 인프라와 법제도 기반을 조성하고, 민간은 이를 바탕으로 창의적인 서비스와 제품을 개발해 경제적·사회적 가치를 창출한다. 그러나 이 균형이 깨질 경우, 두 가지 문제가 발생할 수 있다. 하나는 민간 독점에 의한 기술 집중이고, 다른 하나는 공공 부문의 과도한 개입으로 인한 민간의 창의성 위축이다.

특히 AI처럼 초기 투자 비용이 크고, 학습에 필요한 자원이 제한적인 분야에서는 공공이 선도적으로 인프라를 구축하되, 민간이 자유롭게 활용하고 그 결과를 사회에 환원하는 모델이 적절하다. 예를 들어 공공이 구축한 GPU 클러스터나 언어 모델 API를 스타트업이 일정 조건하에 이용하고, 상업화 수익의 일부를 데이터 기여자나 공공에 재투자하는 구조가 그 예다. 이처럼 공공-민간 간 상호 환류 구조는 지속 가능성과 혁신성을 동시에 확보할 수 있다.

공공은 민간이 실패하기 쉬운 영역, 즉 사회적 수익은 크지만 단기 시장 수익이 낮은 분야 – 예컨대 농업, 환경, 지역 문화, 장애인 지원 분야의 AI 개발 – 에 대해 선제적으로 투자하고, 민간은 이러한 기술을 상용화하고 고도화함으로써 사회 전반의 혁신을 가속화할 수 있다. 또한 공공은 규제 기관의 역할도 수행하며, AI 남용이나 편향, 오남용 위험에 대해 견제 역할을 병행할 수 있다.

정책적으로는 공공과 민간의 역할을 명확히 규정하는 '공공-민간 AI 협력 프레임워크'를 마련하고, 공동투자 · 공동 개발 · 공동 책임 모델을 확립해야 한다. 특히 기술의 사회적 책임을 민간에만 지우는 것이 아니라, 공공도 그 책임을 나누고, 동시에 시민의 권리를 보장하는 중재자로 기능해야 한다. 이중적인 균형은 기술 민주주의를 가능케 하는 핵심 전제다.

궁극적으로 공공과 민간은 경쟁 관계가 아니라 상호 보완 관계에 있어야 한다. 공공은 '기술의 기반'을 제공하고, 민간은 '기술의 방향'을 만들어 가며, 둘 사이를 연결하는 제도적 설계가 곧 AI 기본 사회의 전략적 토대가 되어야 한다.

AI 산업에서 공공과 민간의 역할은 상호 보완적이며, 서로 다른 시간성과 책임 구조를 갖는다. 공공은 위험을 분산시키고, 기술의 편익이 모든 국민에게 도달하도록 형평성과 안전을 확보하는 역할을 한다. 반면 민간은 속도와 창의성을 통해 기술의 상용화와 다변화를 이끈다. 이 둘이 충돌하지 않고 조화되기 위해서는 균형 설계된 협력 틀이 필요하다.

특히 공공 투자는 디지털 격차 완화, 기술 독점 방지, 기반 기술 확보를 목적으로 하는 경우가 많다. 이 투자로 개발된 인프라와 기술은 일정 조건 아래 민간에게 공유되고 활용될 수 있도록 설계되어야 한다. 그 활용 결과가 다시 공공에 기여하는 순환 구조인 사회적 환류 생태계가 마련될 때, 공공성과 혁신은 상호 강화될 수 있다.

예컨대, 공공이 구축한 AI 언어 모델을 스타트업이 활용해 고령자용 앱을 개발했다면, 해당 앱은 다시 국민 AI 비서에 통합되거나, 지역 복지 센터에서 활용될 수 있다. 이 과정에서 공공은 개방 인프라를 제공하고, 민간은 사회적 가치를 창출하며, 국민은 편익을 누리는 삼자 상생 구조가 실현된다.

궁극적으로 중요한 것은 신뢰와 명확한 규칙이다. 공공이 어떤 기술을 어떻게 개방할지, 민간은 어떤 기준으로 이를 활용하고 환류할지를 명확히 규정하는 '디지털 공유 헌장(Digital Commons Charter)' 같은 원칙이 필요하다. 그래야만 공공과 민간이 함께 기술 기반의 민주 사회를 설계할 수 있기 때문이다.

04
AI 사회의 포용과 분배: 기술 복지 국가를 위해

디지털 접근의 지역·계층 간 격차

AI 시대에 정보 접근성과 기술 활용 능력은 삶의 질을 결정짓는 핵심 변수로 작용한다. 그러나 디지털 인프라와 교육 기회의 불균등은 지역, 소득, 연령, 장애 여부에 따라 심각한 정보 불평등과 사회적 배제로 이어지고 있다. 수도권과 비수도권 간의 AI 교육 및 서비스 이용 격차, 고령층과 청년층 간의 기술 격차는 대표적인 사례다.

디지털 접근의 격차는 단순한 정보 이용의 문제가 아니라, 교육 · 고용 · 복지 등 사회 권리의 실질적 박탈을 의미한다. AI 기술이 공공 서비스에 결합될수록, 이를 활용하지 못하는 계층은 의료, 행정, 교육 등 기본 권리의 수혜에서도 배제될 위험이 커진다. 이는 헌법상 평등권 및 사회권 실현과도 직결되는 사안이다. 따라서 정부는 '보편적 연결(Universal Connectivity)'을 헌법적 사회권의 일환으로 보고, 디지털 기기 제공, AI 이용 바우처 지급, 공공 와이파이 확대 등 기초적 디지털 접근권 보장 정책을 우선적으로 추진해야 한다. 이와 더불어 지방 정부는 지역 내 디지털 정보화 센터를 설립해, 주민의 일상 속 기술 활용 능력을 체계적으로 지원해야 한다.

또한, 공공 기관이 AI 기반 서비스를 설계할 때에는 기술 이용이 어려운 사람들을 위한 대체 채널 및 인간 상담 제공 의무가 병행되어야 한다. 예를 들어 AI 행정 서비스에 전화 기반 접속, 음성 안내, 방문 민원 방식이 동시에 제공되는 '하이브리드 서비스 구조'가 필요하다.

디지털 시대의 평등은 단순한 물리적 기회 제공이 아니라, 기술을 통해 권리 실현을 가능하게 하는 구조를 설계하는 것에서 출발한다. 이를 위해 사회적 약자 중심의 기술 접근 정책이 디지털 복지 국가의 기초가 되어야 한다.

AI 불평등 해소를 위한 맞춤형 포용 정책

AI는 기술적 진보이자, 동시에 새로운 불평등 구조의 매개체가 될 수 있다. AI 모델은 기존의 사회적 편견과 구조적 차별을 학습하고 재현할 수 있으며, 기술 인프라에 접근할 수 없는 계층은 AI의 편익으로부터 철저히 배제될 수 있다. 따라서 단순한 기술 보급이 아니라, 사회 계층별 · 지역별 특성에 맞춘 맞춤형 포용 정책이 필요하다.

특히 공공 정책은 데이터를 중심으로 설계되기 때문에, 소외 계층의 데이터가 누락될 경우, 정책 자체가 왜곡된다. 예컨대, 고령자, 이주민, 장애인의 삶의 조건을 반영하지 않은 알고리즘은 그들을 위한 서비스에서조차 적절한 응답을 하지 못하게 된다. 이는 AI 시스템의 불완전성 문제가 아니라, 데이터 불균형이라는 구조적 배제의 결과다.

이를 해결하기 위해 정부는 AI 훈련용 데이터에 사회적 다양성을 반영하도록 '사회 대표성 확보 기준'을 도입해야 한다. 지역 방송, 사회 복지 기관, 시민 단체 등 다양한 공동체 기반의 로컬 데이터 수집 사업을 통해 시민의 삶을 온전히 포착하고 반영하는 것이 중요하다.

또한 소득 · 연령 · 장애 여부에 따른 AI 서비스 격차를 줄이기 위해, 목표 집단별 디지털 접근 및 학습 프로그램을 확대하고, '디지털 포용 패키지'(기기+연결+교육)를 보편적 복지의 항목으로 편입시킬 필요가 있다. 이는 단순한 기술 지원이 아니라, 헌법상 평등권 실현의 방식이기도 하다.

포용 정책은 기술을 정밀하게 배분하는 일이 아니라, 기술이 모두의 삶에 공정하게 닿도록 사회 전체의 구조를 재조정하는 정치적 · 제도적 행위임을 인식해야 한다.

AI 바우처와 공공 서비스 보편화

AI 기술이 삶의 질을 좌우하는 기반이 되면서, 기술 이용에 대한 보편적 접근권 보장은 새로운 형태의 공공복지로 인식되어야 한다. 이를 위해 정부는 AI 기술 이용에 필요한 기초 장비, 서비스 이용권, 교육 콘텐츠 등을 결합한 AI 바우처 제도를 도입할 필요가 있다.

AI 바우처는 단순한 기술 할인권이 아니라, 국민 개개인이 AI 기반 공공 서비스에 접근하고 활용할 수 있도록 지원하는 디지털 평등을 위한 사회 투자 수단이다. 특히 저소득층, 1인 가구, 노년층을 대상으로 바우처를 지급하면, 기술 이용 격차와 디지털 소외를 크게 줄일 수 있다.

이와 동시에 공공 부문에서의 AI 서비스 보편화가 중요하다. 국민 AI 비서, 공공 의료 상담 AI, 디지털 튜터 등은 지역이나 계층에 상관없이 모든 시민에게 제공되어야 하며, 이를 위해 서비스의 질과 언어 · 문화적 다양성도 함께 고려되어야 한다. 또한 사용자의 프라이버시 보호, 기술의 오류 가능성에 대한 책임 구조도 함께 설계되어야 한다.

공공 AI 서비스는 민간 AI 기업이 상업적 논리로 접근하기 어려운 영역, 예컨대 장애인 복지 안내, 다문화 교육 상담, 저소득층 금융 지원 등에서 사회적 가치를 우선시하는 방식으로 제공될 수 있다. 이를 위해 공공 기관 간 협업 체계와 일관된 AI 서비스 기준 마련이 필요하다.

궁극적으로 AI 바우처와 공공 AI 서비스의 결합은 디지털 사회권을 실질화하는 가장 현실적인 도구로 기능할 수 있다. 이는 기술의 보편성과 복지의 보편성을 연결하는 새로운 사회계약의 출발점이다.

디지털 복지의 개념과 사회보장 제도 연계

디지털 기술이 복지 전달 체계의 핵심 수단이 되면서, 이제는 '디지털 복지'라는 개념을 법적 · 제도적으로 정립할 필요가 있다. 디지털 복지란 시민이 정보와 기술을 통해 복지 서비스를 효율적으로 이용할 수 있고, 동시에 복지 대상자 선정 · 지급 · 상담 등이 AI 기반으로 자동화 · 개인화되어 제공되는 체계를 의미한다.

하지만 현재의 사회보장 제도는 디지털화에 맞게 구조화되어 있지 않다. 수급 자격 확인, 복지 정보 제공, 민원 처리 등은 여전히 수동적이고 병목적인 방식으로 운영된다. 이로 인해 실질적인 복지 사각지대가 발생하고, 행정 자원의 낭비가 지속된다. 따라서 디지털 복지는 단순한 편의성 향상이 아니라, 복지의 사각을 줄이는 구조 개혁의 수단으로 간주되어야 한다.

AI는 복지 대상자의 생활 패턴, 건강 정보, 경제 상황 등을 종합적으로 분석해 보다 정밀한 서비스 매칭과 사전적, 예방적 복지 정책을 설계할 수 있게 해준다. 단, 이 과정에서 개인정보 보호, 자동화 결정의 책임 구조, 인간 개입권 보장 등 핵심적인 윤리 · 법적 원칙이 반드시 내재되어야 한다.

디지털 복지는 또한 '지역 기반 디지털 복지 네트워크'와 연계되어야 한다. 지역 주민 센터, 사회 복지사, 돌봄 기관이 AI 시스템을 활용해 복지 대상자의 상태를 실시간으로 파악하고, 상황에 맞는 서비스를 연결할 수 있는 협업형 플랫폼이 필요하다.

미래의 사회보장 제도는 단지 재정을 분배하는 시스템이 아니라, 정보 기반의 복지 정책을 자동화하고 개인화하는 기술 기반 복지 인프라로 진화해야 한다.

공정한 디지털 분배의 원칙과 수단

디지털 기술의 발전은 효율성과 편익을 제공하는 동시에, 기회의 편중과 정보 권력의 집중을 초래한다. 따라서 기술로 인한 사회적 성과가 모두에게 공정하게 돌아가도록 하는 디지털 분배 정의(digital distributive justice)의 원칙이 중요해지고 있다.

공정한 분배란 단순한 균등 할당이 아니라, 필요에 따른 접근 보장, 약자에 대한 우선 배려, 사회적 기여에 대한 정당한 보상을 포함하는 다차원적 정의다. AI 기술이 모든 국민에게 기회를 제공하려면, 디지털 권력의 사유화를 방지하고, 기술 인프라 · 데이터 · 서비스의 공공적 재분배가 제도적으로 보장되어야 한다.

이를 위해서는 '디지털 기본 소득' 또는 '디지털 접근 보장 수당' 같은 기술 기반의 사회보장 기금이 필요하며, 공공 인프라에 대한 민간 이용 시 사회 환원 장치를 의무화해야 한다. 또 공공이 수집한 데이터로 개발된 AI가 민간에 의해 상업적으로 활용될 경우, 그 수익의 일부를 공공기금으로 환류하도록 하는 공정 데이터 사용료(fair data levy) 제도도 고려할 수 있다.

분배 정의는 또한 교육, 노동, 문화 영역에서 AI 활용 기회가 특정 계층에 집중되지 않도록 이용 자격의 보편화와 기술 활용의 다양성 보장이 병행되어야 한다. 디지털 권리 교육을 의무화하고, 기술 실험 공간과 학습 기회를 누구나 누릴 수 있도록 해야 한다.

디지털 시대의 정의는 더 이상 '무엇을 가졌는가'가 아니라, '접속할 수 있는가'에 의해 결정된다. 공정한 기술

분배는 사회 통합의 조건이자, AI 사회의 지속 가능성을 위한 핵심 원리가 되어야 한다.

05
AI 리터러시와 시민 문화: 기술 시대의 주체로 살기

AI 리터러시란 무엇인가

AI 리터러시란 단순히 AI 기술을 사용할 수 있는 능력을 넘어 AI가 어떻게 작동하는지 이해하고, 그 결과에 대해 비판적으로 사고하며, 사회적 맥락에서 AI를 활용할 수 있는 역량 전반을 의미한다. 이는 정보 리터러시, 디지털 리터러시의 확장 개념이자, 현대 시민으로서의 핵심 자질이 된다.

오늘날 우리는 검색, 쇼핑, 대화, 뉴스 소비 등 거의 모든 일상에서 AI 기반 알고리즘의 영향을 받고 있다. 그러나 많은 시민은 자신이 어떤 AI 시스템에 노출되어 있고, 그것이 어떻게 판단을 내리는지조차 인지하지 못한 채 살아간다. 이러한 무지 상태는 잘못된 정보 수용, 차별적 의사결정 수용, 알고리즘 권위에 대한 복종으로 이어질 수 있다. 따라서 민주주의 사회에서 시민은 AI를 비판적으로 이해하고, 자신의 권리와 책임을 자각하는 기술 주체가 되어야 한다. 이를 위해서는 초중등 교육에서부터 성인 평생 학습에 이르기까지 AI 리터러시가 교육과정에 포함되어야 하며, 공공 기관과 언론, 시민 단체가 함께 이 과제를 수행해야 한다.

AI 리터러시는 기술 사용법 이상의 가치를 지닌다. 그것은 인간의 자율성, 민주적 감시, 사회적 참여를 가능하게 하는 지식과 감수성의 총체적 능력이다. 리터러시 없는 기술 사회는 기술이 민주주의를 파괴하는 구조로 전락할 위험이 크다. 따라서 국가와 사회는 AI 리터러시를 정보 시대의 시민권 교육으로 명시하고, 교육권과 연결된 사회권의 하나로 제도화할 필요가 있다.

교육 격차와 세대 간 기술 소외 해소

AI 리터러시의 가장 큰 장벽 중 하나는 교육 격차와 세대 격차다. 청년층은 자연스럽게 기술 환경에 노출되어 있어 디지털 기기 사용에 익숙한 반면, 노년층이나 저소득층은 기초적인 디지털 조작조차 어려워 AI 기술에 접근할 기회 자체가 제한되어 있다. 이는 정보 불평등을 넘어 기술 참여 불평등, 나아가 사회적 소외로 이어진다.

교육 격차는 단지 나이의 문제가 아니다. AI를 포함한 첨단 기술은 전문 용어와 수학적 지식을 동반하기 때문에, 기본적인 교육 수준이 낮거나 기존 학교 교육에서 소외된 계층은 AI의 원리와 위험, 사회적 영향력에 대해 접근 자체가 어렵다. 따라서 AI 리터러시 정책은 평준화된 교육이 아니라, 차등화된 맞춤형 교육전략을 필요로 한다.

정부는 각 세대 · 계층별 특성에 맞춘 AI 리터러시 교육 콘텐츠를 개발해야 하며, 이를 지역 도서관, 노인 복지관, 평생 교육 센터 등을 통해 지역 기반으로 공급해야 한다. 예컨대, 고령자 대상 프로그램은 음성 중심 교육을, 청소년 대상 프로그램은 창작 활동과 결합한 실험형 교육을 중심으로 구성할 수 있다.

디지털 접근성을 보완하는 하드웨어 지원도 병행되어야 한다. 저소득층에게는 교육용 태블릿이나 데이터 요금 지원이 필요하고, 장애인을 위한 접근성 보장 장치(음성 독서기, 자막 시스템 등)도 함께 설계되어야 한다.

교육 격차 해소는 곧 기술 시대의 시민권 평등 실현이다. 기술 소외는 단순한 지식의 문제가 아니라, 민주사회에서의 권리 행사 가능성의 문제이며, 따라서 국가의 적극적 개입과 보편적 교육권 확대가 필수적이다.

학교·지역·노년층 대상 AI 교육 실천 전략

AI 리터러시 교육은 단지 교실에 머무르지 않는다. 기술은 모든 삶의 공간에 스며들어 있기 때문에, 교육 또한 학교, 지역, 가정, 직장, 공공 공간 등 전 생애적 환경에 맞춰 분산적으로 이뤄져야 한다. 이를 위해서는 실천 전략이 중요하다.

첫째, 학교 교육에서는 AI 기술에 대한 이론적 이해와 함께, 데이터 윤리, 알고리즘 공정성, AI 책임 등 사회적 맥락을 함께 가르치는 통합형 교과가 필요하다. 수학 · 과학 · 사회 · 윤리를 연결하는 융합형 프로젝트 수업이 효과적이다.

둘째, 지역 중심의 AI 리터러시 거점이 필요하다. 지역 도서관, 평생 학습관, 주민 자치 센터 등에서 AI 교육 프로그램을 운영하고, 주민 주도의 교육 참여 모델(예: 시민 강사, 기술 봉사단)을 활성화하면 지역 균형 발전에도 기여할 수 있다.

셋째, 노년층과 장애인을 위한 특수 교육 프로그램을 설계해야 한다. 음성 중심의 강의, 키오스크 모의 학습, 일상 언어 기반 설명 자료 등을 통해 기술에 대한 두려움을 줄이고, 생활 밀착형 교육을 제공해야 한다. 특히 보건 · 복지 · 금융 등 실제 생활과 밀접한 AI 활용 사례 중심으로 구성하면 학습 효과가 높아진다.

이러한 교육은 비단 기술 이해도 제고에 그치지 않는다. 그것은 공동체 내에서의 상호작용, 자존감 회복, 세대 간 통합 등의 사회문화적 효과도 동시에 가진다. AI 리터러시 교육은 공동체 재구성의 장이기도 하다. 따라서 교육부, 과학기술정보통신부, 행정안전부 등 범부처 협력과 지자체 참여 하에 AI 시민 교육 국가 계획을 수립하고, 실행에 필요한 법적 기반과 예산 지원을 제도화해야 한다.

시민 사회의 AI 이해력 제고 방안

AI 리터러시는 국가의 책무일 뿐 아니라, 시민 사회의 자율적 학습과 감시 능력을 통해 완성된다. 시민이 기술의 이용자일 뿐 아니라 정책의 감시자, 기술의 비평가, 사회 규범의 설계자로 나서야 기술 민주주의가 실현될 수 있다.

이를 위해 시민 사회 단체, 언론, 교육 기관, 기술 공동체는 AI에 대한 중간 해석자(mediator)의 역할을 수행해야 한다. 복잡한 기술 개념을 쉬운 언어로 설명하고, 윤리적 문제를 논의하며, 감시 활동과 공론화를 통해 시민의 문제의식을 조직화하는 것이 핵심이다.

예컨대, 시민 단체는 특정 플랫폼의 알고리즘이 편향적이라는 의혹이 있을 경우, 자체 조사와 캠페인을 통해 문제를 제기하고, 정책 개선을 요구할 수 있다. 지역 커뮤니티는 기술 포럼이나 공개 토론회를 개최해 주민들이 직접 기술적 주제에 참여할 수 있도록 할 수 있다.

이러한 활동을 제도적으로 지원하기 위해 정부는 'AI 감시단', 'AI 설명자 인증제', '공공 알고리즘 감사 시민 참여 프로그램' 등을 운영할 수 있다. 시민의 감시 활동이 정책에 반영되는 체계를 갖추면 기술 신뢰도도 함께 제고된다.

궁극적으로 시민 사회의 AI 이해력 제고는 기술의 민주적 통제를 위한 제4의 권력 형성이자 시민권의 확장이다. 이것이 기술 중심 사회의 공론장을 열고, 시민이 스스로 사회를 설계하는 기반이 된다.

AI 시대의 문화적 시민성 형성과 디지털 공론장

기술은 단순한 도구가 아니라 사회와 인간을 바라보는 방식 자체를 재구성한다. 따라서 AI 시대에 적합한 시민성은 단지 기술 이해력에 그치지 않고, 비판적 사유, 공감 능력, 사회적 책임 의식을 아우르는 문화적 성격을 가져야 한다. 이를 '디지털 시민성' 또는 'AI 시대의 문화적 시민성'이라 부를 수 있다.

이러한 시민성은 자유롭게 의견을 나누고, 서로 다른

판단을 경청하며, 기술과 규범에 대해 공동의 판단을 형성할 수 있는 디지털 공론장을 통해 형성된다. 공론장은 SNS, 커뮤니티 플랫폼, 온라인 토론회 등 다양한 형태를 취할 수 있으나, 핵심은 열린 구조와 숙의의 질이다.

AI가 정치 여론, 소비 선택, 사회 규범 형성에 영향을 미치는 지금, 시민이 공론장의 주체로서 AI 추천 시스템을 이해하고, 편향을 감지하며, 문제 제기할 수 있는 역량이 필요하다. 이를 위해 미디어 리터러시와 AI 리터러시가 통합된 교육이 필요하며, 공론장 운영에 공공 기관의 지원도 함께 제공되어야 한다.

또한 공공 미디어, 공영 방송, 지자체 채널 등에서 AI 관련 이슈를 다루는 정책 해설, 기술 포럼, 시민 질의 프로그램을 정례화함으로써 기술 담론이 특정 전문가 집단에 국한되지 않도록 해야 한다. 공론장은 시민의 참여를 전제로 하며, 이는 민주주의의 조건이다.

AI 시대의 문화적 시민성은 지속 가능한 민주 사회 구성의 기초다. 시민이 기술을 감시하고, 기술을 말하고, 기술을 넘어서 함께 사유할 때, 우리는 비로소 기술의 객체에서 주체로 전환된다.

AI 튜터의 역할과 기능

AI 튜터는 단순한 학습 보조 수단을 넘어, 디지털 시대의 시민이 갖추어야 할 기초 역량, 즉 AI 리터러시를 실질적으로 함양하는 교육 파트너로 자리매김하고 있다. 기존의 교육이 교사 중심의 일방향 전달 방식에 머물렀다면, AI 튜터는 학습자의 수준과 속도에 맞춘 맞춤형 설명, 반복 학습, 실시간 피드백 제공을 통해 개별화된 학습 경험을 가능하게 한다. 특히 디지털 기초 문해력, 알고리즘에 대한 기본 개념, AI가 일상에 미치는 영향 등을 학습자 눈높이에 맞게 제공함으로써, 정보 사회에서 주체적으로 사고하고 행동할 수 있는 능력을 기르는 데 기여한다.

AI 튜터는 또한 학습자 중심의 탐구와 비판적 사고를 유도하는 '질문 설계자' 역할도 수행한다. 예를 들어 "AI가 추천한 뉴스는 왜 이것일까?", "이 앱은 어떤 데이터를 내게서 가져갔을까?" 같은 메타 인지적 질문을 제시함으로써, 단순 정보 습득을 넘어서 기술의 작동 원리와 사회적 영향을 이해하게 한다. 이러한 구조는 '정답 중심 교육'에서 '이해 중심 교육'으로의 전환을 이끄는 중요한 기제이며, AI를 수동적으로 수용하지 않고 능동적으로 해석하고 통제하려는 디지털 시민의 기초 역량을 형성하는 데 필수적이다.

기능적으로는 자연어 기반 대화형 인터페이스, 개인별 진단 시스템, 감정 인식 피드백, 시각화된 학습 자료 제공 등 다양한 기술이 결합되어 있으며, 이러한 복합적 시스템은 학습 효율을 높일 뿐 아니라 학습자의 자기 주도성과 지속적인 학습 동기를 이끌어낸다. 특히 고령층, 비문해층, 저학력층 등 기존 교육 접근성이 낮았던 계층에 대한 디지털 튜터의 접근성은, AI 리터러시의 보편적 보장과 교육 형평성 확보 측면에서 매우 중요한 의미를 갖는다.

결국, AI 튜터는 기술 자체보다 기술을 이해하고 비판하며 활용할 수 있는 능력, 즉 디지털 시대의 인문학적 기초를 교육하는 도구로서 작동한다. 이는 단지 학습 효율의 문제를 넘어 기술 시대에 정보 주체로서 존엄을 유지할 수 있는 최소한의 권리 기반을 제공한다는 점에서 중요한 사회적 의의를 지닌다. AI 튜터는 지식을 전달하는 기계가 아니라, 민주주의 사회의 시민을 양성하는 새로운 교사이며, 모두의 AI 시대에 반드시 필요한 공공적 교육 자원이다.

물론 AI를 위해 기술적인 방식으로 이용하는 것도 의미가 있겠지만, 사람이 튜터로서 역할을 하도록 하는 것도 필요하다. 문해력보다 실생활에서 이동이 어려운 시민들은 방문 형태의 서비스가 필요할 수 있기 때문이다.

06
AI와 함께 일하는 사회: 전환기의 일과 인간의 존엄

자동화의 충격과 기술적 실업

AI 기반의 자동화는 반복적이고 예측 가능한 업무를 중심으로 인간 노동을 빠르게 대체하고 있다. 특히 제조업, 물류, 콜센터, 금융, 법률 등 다양한 산업에서 자동화가 확산되며, 고용 안정성이 무너지고 있다. 이는 단순한 기술 도입의 문제가 아니라, 생계와 존엄에 직결된 사회 문제로 확산되고 있다.

기술적 실업(Technological Unemployment)은 단지 일자리를 없애는 것이 아니라, 노동의 의미와 인간의 사회적 역할 자체를 위협한다. 정규직과 비정규직 간 격차는 더욱 벌어지고, 청년층과 중장년층 모두 미래에 대한 불안감을 느끼게 된다. 일자리는 줄고, 기술을 이해하지 못하면 배제되는 구조가 형성된다.

기존의 실업 보험 제도나 직업 훈련 시스템은 이 같은 급격한 구조 전환에 제대로 대응하지 못하고 있다. 전통적 복지 국가는 산업 구조의 상대적 안정성을 전제로 했으나, AI의 변화 속도가 이를 앞지르고 있다. 기술 변화는 예고 없이 일어나며, 대응은 항상 사후적이다. 이러한 격차를 해소하기 위해서는 사회 전체가 기술 전환을 예측하고 대응하는 시스템을 갖춰야 한다. 자동화의 사회적 영향 평가, 위험 예보, 고용 변화의 데이터 기반 분석 등이 필요하며, 이를 바탕으로 선제적 정책 수립이 가능해져야 한다.

기술은 진보하되, 그 진보가 사회적 붕괴로 이어지지 않도록 하기 위해서는 자동화의 충격을 '전환기 사회계약'이라는 틀 안에서 새롭게 구조화할 필요가 있다.

기본 소득과 보편적 복지

AI 시대의 고용 불안정성은 "소득의 안정성을 사회가 어떻게 보장할 것인가?"라는 질문으로 이어진다. 이 과정에서 기본 소득이 하나의 해법으로 제시되고 있다. 기본 소득은 고용 여부와 상관없이 모든 시민에게 최소한의 생계를 보장함으로써 기술 전환기에서의 존엄을 지키는 수단이다.

기본 소득은 단순한 현금 지원이 아니라, 자기 계발의

시간과 기회를 제공하는 조건 없는 여백이다. 기술의 생산성이 높아지는 만큼, 인간은 더 이상 생존을 위한 노동에 매몰되지 않고, 창작과 돌봄, 학습과 사회 참여에 자신의 삶을 분배할 수 있어야 한다.

반대 측에서는 기본 소득이 도덕적 해이와 복지 비용 증가를 초래한다고 주장하지만, 이는 보편 복지에 대한 오래된 오해다. AI 시대에는 소득보다 더 빠르게 노동이 줄어드는 만큼, 기존 노동 중심 복지의 패러다임을 넘어서야 한다.

기본 소득은 전환기의 사회적 안전장치이자 새로운 인간 중심 사회의 기반이 될 수 있다. 이를 위해 조세 재원 구조 개편, 디지털세, 플랫폼 기여금 등 지속 가능한 재정 구조에 대한 논의도 병행되어야 한다.

AI가 만든 부를 모두의 미래 자원으로 환수하는 정책이 필요하며, 기본 소득은 그 전환적 도구가 될 수 있다.

전환 소득과 AI 기반 사회보장 제도

AI의 자동화 기술이 빠르게 확산되면서, 일부 직업은 줄어들고 새로운 일자리가 생겨나는 구조적인 변화가 일어나고 있다. 이런 변화 속에서 기존의 실업 수당만으로는 충분한 대응이 어렵다. 전환 소득은 이러한 기술 변화로 인해 직장을 잃거나, 직업을 바꿔야 하는 사람들을 위해 마련된 맞춤형 소득 보장 제도다.

기존의 실업 급여가 일정 조건을 충족해야 지급되는 반면, 전환 소득은 기술 변화에 따른 위험을 미리 예측하고, 선제적으로 지원하는 방식이다. 예를 들어, 자동화 기술이 도입되기 직전의 공장 근로자나 AI 기술로 대체될 위험이 있는 직종에 종사하는 사람에게는 일정 기간 동안 생활비를 보장하고, 동시에 재교육이나 직업 전환을 도울 수 있도록 설계된다.

이 소득은 단순한 현금 지원이 아니라, 새로운 일을 준비하고 배우기 위한 투자다. 짧은 기간의 교육, 재창업, 지역 사회 기반의 일자리와 연계되어야 하며, 정부는 AI가 어떤 직업을 대체할 가능성이 높은지 분석하고, 고위험군을 조기에 지원하는 통합 대응 시스템을 마련해야 한다.

전환 소득은 기술 변화에 '밀려나는 사람'을 단지 피해자로 보는 것이 아니라, 변화를 함께 이끄는 주체로 존중하는 방식이다. 이런 시스템은 우리 사회가 기술 변화에 잘 적응하고, 함께 살아갈 수 있도록 만드는 핵심적인 장치가 될 수 있다.

플랫폼 노동과 알고리즘 관리 감독

플랫폼 노동이란 디지털 플랫폼(앱이나 웹사이트)을 매개로 일감을 받아 수행하고 보수를 받는 새로운 형태의 비정형 노동으로, 전통적인 고용 계약 없이 알고리즘을 통해 업무가 배정되고 평가되며, 주로 배달, 대리운전, 번역, 콘텐츠 제작 등 다양한 분야에서 이뤄진다. 이 노동은 자율성과 유연성을 갖는 동시에, 사회보장 사각지대와 법적 보호 미비, 알고리즘에 의한 통제와 평가 문제 등 새로운 노동 불안정성을 동반한다.

많은 사람들은 앱을 통해 배달을 하거나, 번역 · 디자인 · 콘텐츠 제작 같은 일을 온라인으로 하는 경우가 많아졌다. 이런 플랫폼 노동은 기존의 정규직과는 다른 방식으로 일하며, 대부분 AI 알고리즘이 일거리를 배정하고, 평가까지 담당한다.

문제는 이 알고리즘이 어떻게 작동하는지 공개되지 않고, 결과만 통보된다는 점이다. 예를 들어 고객 평가 점수가 낮아지면, 배정받는 일이 줄어들거나 수입이 갑자기 줄어드는 일이 생긴다. 그러나 노동자는 왜 그런 일이 일어났는지 알 수도 없고, 항의할 방법도 없다. 이처럼 기술이 사람을 통제하는 구조는 새로운 불평등을 만들어 낸다.

이제는 알고리즘이 공정하게 작동하는지 감시하고, 노

동자가 이의를 제기할 수 있는 권리를 법으로 보장할 필요가 있다. 유럽연합은 이미 플랫폼 기업이 사용하는 알고리즘의 정보를 공개하고, 이의 신청 절차를 마련하도록 하는 제도를 준비 중이다.

또한, 플랫폼 노동자에게도 사회 보험, 유급 휴가, 퇴직금 같은 기본적인 권리가 보장되어야 한다. 단순히 '개인사업자'로 분류하기보다, 실제로 얼마나 회사에 의존하고 있는지를 기준으로 새로운 법적 지위를 설계해야 한다.

AI 시대의 노동은 기술을 효율적으로 사용하는 것만큼, 사람을 어떻게 보호하고 존중할 것인가가 중요하다. 플랫폼 기업과 알고리즘도 사회적 책임 아래 놓이도록, 법과 제도가 함께 작동해야 한다.

디지털 재교육과 직업 전환 정책

AI로 인해 사라지는 직업이 있는 만큼, 새로운 직업도 생겨난다. 그러나 새로운 직업은 고숙련을 요구하며, 기존 노동자들은 이에 접근할 기회를 충분히 보장받지 못하고 있다. 따라서 전환기의 핵심 과제는 재교육과 직무 전환이다. 다만, 고려할 사항은 AI가 가져오는 새로운 일자리를 기존의 일자리를 잃는 사람이 차지하기는 쉽지 않다는 점이다. 따라서, 이들이 새로운 직무에 적응할 수 있는 평생 교육 시스템이 필요하다.

재교육은 일회성 특강이나 온라인 강좌로는 부족하다. 체계적인 커리큘럼, 멘토링, 현장 실습 등을 포함한 직업 연계형 교육 모델이 필요하다. 대학, 전문대학, 산업계와의 협력이 필수적이며, 지역 기반 교육 센터와 연계된 실무형 훈련이 가장 효과적이다. 특히, 40~50대 중장년층을 위한 맞춤형 디지털 전환 프로그램이 중요하다. 이들은 기존 산업에서 숙련이 높은 반면, 디지털 적응에는 취약할 수 있다. 이들을 위한 '리턴십' 제도, 기업 연계 인턴십 확대, 수료 후 직무 연결 프로그램이 필요하다.

또한 재교육은 단지 기술 습득만이 아니라, 노동자 정체성과 자존감 회복의 과정이기도 하다. 이를 위해 상담·심리 지원, 경력 설계 코칭 등 정서적 지원도 병행되어야 한다. 정부는 교육부, 고용노동부, 중소벤처기업부가 함께하는 'AI 전환 교육 통합 시스템'을 설계하고, 민간 기업의 교육 훈련 투자에 대한 세제 지원도 강화해야 한다. 기술 변화에 대한 준비는 개인의 몫이 아니라, 사회적 시스템의 책임이다.

07
AI 안전과 사회적 복원력: 기술 사회의 안전

AI 위험 사회와 대응

AI는 편리함과 효율을 제공하지만, 동시에 새로운 위험 사회를 구성한다. 예측 불가능한 알고리즘 오류, 자동화로 인한 통제력 상실, 인공지능이 만든 가짜 정보(딥페이크) 등은 단순한 기술 문제가 아니라 사회의 신뢰와 질서를 해치는 구조적 위험을 내포하고 있다. 특히 금융, 의료, 교통 등 핵심 인프라에서 AI가 잘못된 판단을 내릴 경우, 그 피해는 돌이킬 수 없는 수준이 될 수 있다.

이러한 위험은 기술의 복잡성과 블랙박스 구조로 인해 일반 시민뿐 아니라 전문가조차 사전 인지가 어렵다. 우리는 '위험을 인지하지 못하는 위험'에 노출된 것이다. 이는 위험 사회학자 울리히 벡(Ulrich Beck)이 말한 '근대 이후 위험 사회'의 디지털 버전이며, 위험이 특정 계층이 아닌 모두에게 확산된다는 점에서 더욱 치명적이다.

AI의 위험성은 사후적 대응으로는 감당하기 어렵다. 이에 따라 우리는 '예방 가능한 실패'를 시스템적으로 차단하는 제도 설계가 필요하다. 이는 기술적 안전장치와 함께, 행정적 · 윤리적 대응 체계를 포함하는 다층적 구조여야 한다.

정부는 모든 AI 시스템에 대해 사용 목적, 활용 범위, 위험 수준을 평가해 고위험군으로 분류되는 시스템에는 별도의 사전 검토와 인증을 요구해야 한다. 이는 「EU AI법」의 고위험 시스템 분류와 유사한 접근이다.

궁극적으로 AI 위험 사회에서 중요한 것은 투명성, 신뢰, 회복력이다. 우리는 AI의 기술적 능력이 아니라, 그로 인해 변화된 사회 구조를 통제할 수 있어야 하며, 위험 발생 시 신속하게 복원할 수 있는 체계가 필요하다.

AI의 기술적 안전과 인증

AI의 기술적 안전이란 단순히 시스템이 멈추지 않고 작동하는 것을 넘어, 예상된 목적에 따라 예측 가능한 방식으로 작동하고, 인간에게 해를 끼치지 않아야 한다는 기준이다. 이는 전통적인 소프트웨어 안전성과는 차원이 다른 요구이며, AI 특유의 자율성과 학습 능력을 고려해야 한다.

특히 생성형 AI, 자율주행, 의료 AI 등은 입력 데이터에 따라 결과가 유동적으로 달라지기 때문에, 고정된 사양으로는 인증이 어렵다. 이에 따라 '동적 인증(dynamic certification)' 방식, 즉 사용 중인 환경에서의 안전성을 지속적으로 점검하는 체계가 필요하다.

AI의 인증은 기술적 요소뿐 아니라 윤리적 기준과 사회적 맥락까지 포함해야 한다. 예컨대, 얼굴 인식 기술이 기술적으로 정확하더라도, 이를 특정 인종이나 성별에 차별적으로 적용한다면, 이는 안전한 기술이 아니다. 기술 인증은 '정확성+공정성+책임성'의 삼중 기준을 만족시켜야 한다.

정부는 이를 위해 AI 안전연구소의 기능과 역할을 확장하는 가칭 'AI 안전 진흥원'을 두고, 민간의 AI 시스템에 대해 일정 수준 이상의 투명성 보고와 테스트 결과 제출을 의무화해야 한다. 이와 함께 시민 사회와 전문가가 참여하는 AI 안전심의위원회 등을 구성해 공공성을 확보할 수 있다.

AI의 기술적 안전은 결국 사회적 신뢰를 위한 조건이며, 안전 인증 체계는 기술 경쟁력이 아니라 사회 지속 가능성의 기반으로 작동해야 한다.

AI 안전과 '킬 스위치'

AI 안전이란 단지 기술이 고장 나지 않고 정확히 작동하는 문제를 넘어 AI 시스템이 인간의 생명, 권리, 사회 질서를 위협하지 않도록 총체적 통제 체계를 마련하는 것을 의미한다. 이는 물리적 안정성뿐만 아니라, 의사결정의 투명성, 책임의 명확성, 인간의 통제권 보장까지 포함하는 복합적 윤리·법제적 개념이다. 특히 생성형 AI와 자율형 시스템이 빠르게 확산되는 오늘날, AI 안전은 단순히 '기능 오류 방지'가 아니라 '의도하지 않은 결과에 대한 예방과 대응', '사회적 신뢰 회복', '민주적 통제 구조 확보'라는 더 넓은 차원의 문제로 확장되고 있다.

이러한 맥락에서 AI 시스템이 예상과 다르게 작동할 경우, 이를 즉시 중단할 수 있는 장치인 '킬 스위치'는 AI 안전의 최후 보루로 간주된다. 특히, 자율주행, 로봇, 무기 시스템 등에서 오류가 발생하면 인간의 생명과 안전에 직접적인 영향을 미치기 때문에, 물리적·논리적 차단 장치는 선택이 아닌 필수다. 킬 스위치는 단순한 정지 버튼이 아니다. 이는 인간이 AI에 대한 통제권을 유지하고 있다는 것을 기술적으로 보증하는 장치이며, 인간 중심 AI 원칙의 구현 방식이다. AI가 점점 더 자율성을 가지게 될수록, 인간은 통제의 최종 책임을 법적·제도적·기술적 수단을 통해 확보해야 한다.

법적으로는 고위험 AI 시스템에 대해 킬 스위치의 탑재를 의무화하고, 그 사양과 접근 방식, 사용 권한 등을 구체적으로 명시해야 한다. 이를 통해 AI 시스템의 오작동, 오남용, 사이버 공격 등에 대한 방어력과 복원력을 제도화할 수 있다. 특히 군사적 무기 체계나 의료 진단 시스템처럼 결과가 치명적일 수 있는 분야에서는 킬 스위치는 기술적 선택이 아니라, 헌법적 권리 보장과 직결되는 안전장치로 간주되어야 한다.

한편, 킬 스위치의 남용 가능성도 경계해야 한다. 권위주의 정권이나 독점적 플랫폼 기업이 임의로 시스템을 중단하거나 제어할 경우, 이는 사용자 권리 침해나 정보 통제 수단으로 악용될 수 있다. 따라서 킬 스위치의 사용 조건과 절차는 투명하게 공개되고, 사후 검증 가능해야 하며, 시민의 참여와 감시가 가능한 구조로 설계되어야 한다.

결론적으로 킬 스위치는 단순한 기술 장치가 아니라, AI 거버넌스의 핵심 요소이자 민주주의적 통제권의 상징이다. "인간이 AI를 사용할 것인가, AI가 인간을 통제할 것인가"라는 근본적 질문 앞에서, 킬 스위치는 인간 중심의 기술 질서를 지키는 제도적 안전핀으로 기능해야 한다.

AI 안전은 기술 신뢰를 위한 보조 개념이 아니라, 사회 전체의 존엄성과 지속 가능성을 담보하는 필수적 인프라임을 인식해야 한다.

사이버 보안과 복원력

AI 시스템은 사이버 공격에 매우 취약하다. 적대적 공격(adversarial attack), 데이터 중독(data poisoning), 프롬프트 해킹(prompt injection) 등 AI 고유의 공격 방식은 기존 보안 체계로는 대응이 어렵다. AI는 그 자체가 일종의 '공격 경로'가 되며, 특히 공공 시스템이나 의료·금융 AI가 공격받을 경우, 사회적 재앙으로 이어질 수 있다.

AI 시대의 보안은 단지 외부 침입을 막는 수준이 아니라, 시스템 전반의 회복 탄력성(resilience) 확보가 핵심이다. 공격이나 오류가 발생했을 때, 얼마나 빠르게 탐지하고, 원인을 진단하며, 정상 상태로 복구할 수 있는가가 관건이다.

이에 따라 정부와 공공 기관은 'AI 보안 위협 지도'를 구축하고, 고위험군 시스템을 중심으로 사전 침투 테스트, 복원 시뮬레이션, 다중 백업 체계를 갖춰야 한다. 사이버 공격은 이제 기술 전쟁의 일환이며, AI는 그 최전선이다.

또한 민간 기업에도 일정 수준 이상의 AI 보안 점검과 보고 의무를 부여해야 한다. 특히 언어 모델 API나 챗봇 시스템은 사회 전체와 연결되어 있는 만큼, 공적 기준에 따른 보안 대응 체계를 갖춰야 한다.

AI 보안은 더 이상 기술자의 업무가 아니다. 이는 행정, 법, 윤리, 경제 전반이 함께 대응해야 할 문제이며, 국가적 재난 대응 시스템의 일부로 설계되어야 한다.

AI로 인한 사회 신뢰 위기의 복원력 설계

AI는 정보의 생성과 분배를 자동화함으로써, 진실의 기준을 혼란스럽게 만든다. 가짜 뉴스, 조작 영상, 왜곡된 검색 결과 등은 시민의 인식 구조를 흔들며, 사회 전체의 '신뢰 자본'을 침식시킨다. 이는 민주주의의 기반을 무너뜨릴 수 있는 위험이며, 단순히 정보 정책으로 해결되지 않는다.

신뢰는 회복되기 어려운 자산이다. 일단 무너진 신뢰는 정보 검증 시스템, 언론, 행정 기관, 심지어 과학까지 불신의 대상이 된다. AI로 인한 신뢰 붕괴는 경제적 비용뿐 아니라 사회적 붕괴 위험으로 작동한다. 따라서 우리는 AI의 사용을 규율하는 것뿐 아니라, AI 이후의 사회적 신뢰를 어떻게 복원할 것인가라는 질문에 답해야 한다. 이를 위해선 신뢰 지표의 개발, 공공 알고리즘의 투명성 확보, 정보 왜곡 방지 시스템 등 다차원적 복원력 설계가 필요하다.

또한, 신뢰 회복은 정부 혼자 할 수 없다. 언론, 시민 사회, 학계, 기업 등 다양한 주체가 참여하는 AI 신뢰 거버넌스 체계가 필요하다. 예컨대 공공 AI 프로젝트에 대해 시민이 사전 검토하고, 알고리즘 감시단이 결과를 평가하는 구조를 마련할 수 있다.

AI는 단순한 기술이 아니라 사회를 설계하는 메커니즘이다. 우리는 기술을 통해 신뢰를 잃을 수도 있지만, 기술을 통해 신뢰를 복원할 수도 있다. 복원력은 기술이 아니라, 사회를 설계하는 능력의 문제다.

레드 티밍과 AI 안전 검증 체계

AI 시스템이 사회적으로 점점 더 중요한 결정에 관여함에 따라, 기술적 오류나 악용 가능성을 사전에 점검하는 능동적 검증 체계가 필수적이다. 이를 위해 최근 각국에서는 '레드 티밍(Red Teaming)'이라는 개념을 도입하고 있다. 레드 팀이란 실제 공격자 입장에서 시스템의 약점을 식별하고, 예상치 못한 사용 시나리오나 위험 요소를 실험하는 독립된 검증 주체를 말한다. 이들은 단순한 기술 테스터가 아니라, AI가 사회적 현실에 어떤 영향을 미칠 수 있는지를 탐색하는 '시뮬레이션 위험 탐지자'로서 기능한다.

레드 티밍은 특히 고위험 AI 시스템에 대한 사전 점검

및 실환경 시뮬레이션에 효과적이다. 생성형 AI의 경우, 특정 키워드 입력에 따라 증오 발언이나 잘못된 의료 정보가 출력될 수 있으며, 자율주행 차량은 예외적 상황에서 오작동할 가능성이 존재한다. 이처럼 사전 규정된 테스트 케이스로는 탐지되지 않는 '예외적 위험'을 탐색하는 데 레드 팀의 역할은 결정적이다. 미국 백악관과 OpenAI, 구글, 메타 등은 이미 AI 시스템에 대한 레드 티밍을 공공 안전 차원에서 공식화하고 있으며, 「EU AI법」도 고위험 시스템에 대한 외부 평가 요소로 이를 검토하고 있다.

우리나라도 공공 AI 시스템에 대해 독립적인 레드 티밍 체계를 마련할 필요가 있다. AI 챗봇, 행정 자동화 시스템, 의료 · 금융 AI 등 국민 생활에 영향을 미치는 시스템은 정기적으로 레드 팀 검증을 거쳐야 하며, 그 결과는 투명하게 공개되어야 한다. 레드 팀은 기술 전문가뿐 아니라 윤리학자, 법률가, 시민 사회 등으로 구성되어야 하며, 단순히 기술의 오류 가능성뿐 아니라 사회적 영향과 통제 가능성까지 점검해야 한다. 특히 킬 스위치 기능이나 사이버 복원력 대응 계획은 레드 팀 검증을 통해 현실성을 확보할 수 있다.

궁극적으로 레드 티밍은 AI에 대한 기술적 안전 확보를 넘어, 민주적 감시와 사회적 신뢰를 제도화하는 수단이다. AI의 위험은 사후 대응으로는 감당하기 어려운 만큼, 위험 발생 전 시점에서 시스템을 능동적으로 평가하고 대응 가능한 구조를 갖추는 것이 중요하다. 이를 위해 정부는 '공공 레드 팀 인증제'를 도입하고, 고위험 AI 시스템에 대해 정례적 테스트와 보고를 의무화할 수 있어야 한다. 이는 AI 기술을 단지 개발하는 것이 아니라, 사회적 수용성과 안전성까지 설계하는 '거버넌스 기술'로 확장하는 계기가 될 것이다.

08 모두를 위한 공공 서비스로서의 AI: 국민 AI 비서의 확장

국민 참여 플랫폼으로서 '국민 AI 비서' 서비스

'국민 AI 비서'는 단순한 챗봇을 넘어서, 국민의 삶에 밀착된 '공공 디지털 참여 플랫폼'이다. 국민 모두가 이를 통해 행정 · 복지 · 의료 · 교육 등 다양한 공공 서비스에 쉽고 빠르게 접근할 수 있고, 이는 디지털 주권의 실현 수단이기도 하다. 단순 응답 기능을 넘어 정책 피드백, 민원 질의, 제안 제출 등의 기능이 통합될 때, 이 서비스는 '소통의 기반'을 넘어 정책 공동 설계의 출발점이 된다.

국민 AI 비서는 특히 정보 취약 계층에게 더 큰 효용을 제공할 수 있다. 고령자, 저소득층, 외국인 등 디지털 문턱이 높은 이들을 위해 음성 인식, 다국어 번역, 시각화된 응답 시스템이 적용되어야 하며, 이러한 기술적 배려는 단순한 편의가 아닌 디지털 평등의 실현이다.

중요한 것은 국민 AI 비서가 '정부가 국민에게 서비스하는 방식'이 아니라, '국민이 주체가 되어 서비스에 참여하는 방식'으로 설계되어야 한다는 점이다. 예컨대 정책 제안 기능, 생활 불편 신고, 공공앱 리뷰 및 평점 등이 통합되면, 국민 AI 비서는 AI 기본권 행사의 일상화 도구로 작동하게 된다.

기술적으로는 안전성과 공공성 확보가 핵심이다. 민감 정보가 오가는 만큼, 개인정보 보호 및 보안 설계가 선행되어야 하며, 공공 서버 및 국산 AI 모델 기반의 운영이 기본 전제가 되어야 한다. 또한 어떤 답변이 어디서 유래했는지를 투명하게 표시하는 출처 기반 응답 시스템도 중요하다.

결론적으로 국민 AI 비서는 서비스의 종착점이 아니라 시민의 삶을 기술로 보장하고 연결하는 새로운 사회계약의 매개체다. 이는 곧 민주주의의 디지털화, 나아가 AI 민주화를 의미한다.

보편적 서비스로서의 '국민 AI 비서'

국민 AI 비서를 보편적 서비스(universal service)로 자리매김하기 위해서는, 모든 국민이 접근 가능하고 동일한 수준의 기능과 응답을 제공받을 수 있어야 한다. 이는 기술 격차 해소와 정보 복지 확대라는 두 가지 목표를 동시에 달성하는 전략이기도 하다.

보편적 서비스로 기능하려면, 지자체 단위로 분산된 행정 정보와 복지 서비스가 AI 비서 시스템에 통합되어야 한다. 예컨대 각 지역의 출산 장려금, 복지 신청 절차, 문화 프로그램 등 맞춤형 로컬 정보가 포함되어야 하며, 이는 중앙-지방 데이터 연동 체계로 가능하다.

또한 기본적으로 모든 국민이 무상으로 사용할 수 있어야 하며, 데이터 요금 · 가입 절차 · 기기 성능에 따른 차별이 없도록 공공 모바일 앱, 키오스크, 음성 전화 기반 인터페이스를 함께 제공해야 한다. 이는 디지털 권리를 헌법적 사회권으로 구현하는 한 방식이다.

특히 보편 서비스로서 AI 비서가 갖춰야 할 덕목은 설명 가능성, 반복 학습, 신뢰할 수 있는 오류 수정 체계다. 동일한 질문에 언제나 동일한 수준의 정합적인 답변을 제공하고, 잘못된 정보를 학습해 개선해 나갈 수 있어야 한다.

보편적 서비스로서 AI 비서를 구축한다는 것은, 더 이상 AI를 산업의 도구로만 보지 않고, 사회적 기반 시설로 제도화한다는 의미다. 이 전환은 디지털 복지 국가로의 진입을 상징하는 조치가 될 것이다.

분배를 넘어 성장과 혁신을 연결하는 구조

많은 공공 서비스는 '분배의 형평성'을 목표로 설계되지만, AI 비서는 혁신과 분배를 동시에 실현할 수 있는 플랫폼으로 진화할 수 있다. 그 핵심은 공공 API의 개방과 민간 협력 생태계의 구축에 있다. AI 비서에 민간 기술이 연동될 수 있다면, 국민은 더 다양한 서비스를 누릴 수 있고, 스타트업은 실사용 기반을 통해 사업성을 확보할 수 있다.

이를 위해 정부는 국민 AI 비서와 연동 가능한 앱 스토어형 서비스 구조를 개발해야 한다. 예를 들어, 사용자가 육아라는 키워드를 입력하면, 공공의 보육 정책 정보뿐 아니라, 인증된 민간 플랫폼(예: 지역 아이 돌봄, 교육 콘텐츠)도 함께 안내하는 방식이다.

이때 중요한 것은 공공성의 기준을 지키면서도, 민간 기업의 참여 유인을 충분히 제공하는 설계다. 일정 수준의 개인정보 보호, 기술 인증, 사회적 기여 조건을 충족하면, 민간 서비스도 AI 비서 내에서 추천 가능하도록 허용할 수 있다.

또한 기술 성장의 선순환 구조를 위해, AI 비서 운영 과정에서 수집되는 비식별 이용 데이터를 민간에 제공하는 '공공 데이터 샌드박스'도 운영 가능하다. 단, 이때의 모든 설계는 투명성, 개인정보 보호, 공익성 우선의 원칙을 따라야 한다.

공공은 인프라를 제공하고, 민간은 서비스를 다양화하며, 국민은 이용을 통해 피드백을 주는 3자 상생 생태계가 바로 공공 AI 플랫폼의 새로운 성장 모델이다.

'국민 AI 비서' 서비스의 보편화 전략

AI 비서의 보편화는 기술의 성능을 높이는 문제이기도 하지만, 그보다 더 중요한 것은 제도적 기반과 운영의 신뢰성이다. 보편화 전략은 (1)법제도 기반, (2)기술 인프라 확대, (3)시민 수용성 제고. 등 크게 세 가지 축으로 설계될 수 있다.

첫째, 법제도 정비를 통해 AI 비서를 단순한 서비스가 아닌 디지털 권리의 실현 도구로 인정해야 한다. 이는 「AI 기본법」이나 「전자정부법」 등의 개정을 통해 '국민 디지털 조력권'을 명시하고, AI 비서를 이를 실현하는 공공 인프라로 지정하는 방식이다.

둘째, 기술 인프라 확대를 위해서는 전국 단위 GPU 서버, 네트워크 최적화, 로컬 언어 모델 확보 등이 병행되어야 한다. 특히 농산어촌이나 저소득 지역에서의 속도 · 접근성 · 기기 보급 문제를 해결해야 진정한 보편화가 가능하다.

셋째, 국민의 수용성을 높이기 위해 AI 비서가 누구나 이해할 수 있는 방식으로 설계되어야 하며, '비서'라기보다는 '조력자'로서, '부모'로서, '자식'으로서, '동료'로서의 역할로 국민과 상호작용하는 것이 바람직하다.

보편적 AI 서비스는 '전 국민이 사용할 수 있다'는 조건만으로 성립되지 않는다. 실제로 사용되고, 신뢰받고, 삶을 바꾸는 도구로 작동할 때 비로소 보편적 권리 실현의 경지에 도달한다.

AI를 통한 행정·의료·교육의 혁신

국민 AI 비서는 단순히 질의응답 기능을 넘어서, 국가 서비스 구조 전반을 혁신하는 디지털 허브가 될 수 있다. 가장 큰 가능성은 행정, 의료, 교육 등 일상적 · 제도적 영역에서의 AI 연동이다. 이때 핵심은 기술 그 자체보다 정보의 통합과 전달 구조의 혁신이다.

행정 영역에서는, 민원 신청, 증명서 발급, 복지 자격 검토 등이 자동화되면서 공무원의 업무 부담을 줄이고, 국민의 접근성을 높이는 효과가 있다. 이미 국민 비서 '구삐'의 사례에서 이 가능성을 기대할 수 있다. 참고로, '국민 비서 구삐'는 대한민국 행정안전부가 운영하는 공공 알림 서비스 플랫폼으로, 국민이 필요로 하는 행정 정보를 미리, 자동으로, 쉽게 받아볼 수 있도록 지원하는 디지털 행정 비서를 말한다. 2021년부터 본격 운영되었으며, 이름 구삐는 '국민을 위한 비서'의 줄임말이다.

의료 분야에선 AI 비서가 건강 검진 결과, 예약, 복약 알림, 증상 설명 등을 제공하는 디지털 주치의 기능을 수행할 수 있으며, 특히 만성 질환자와 고령자에게 큰 도움이 된다. 다만, 이때 의료 정보의 민감성을 고려한 높은 수준의 보안이 필요하다.

교육에선 맞춤형 학습 안내, 진로 정보 제공, 지역 교육 프로그램 추천 등이 가능하다. 특히 AI 튜터와 연계될 경우, 학생별 학습 지원 도우미로서 작동할 수 있다. 이를 통해 교사와 학생의 관계도 보완되고, 교육 접근성도 향상된다.

또한, '국민 AI 비서'는 돌봄이 필요한 어르신이나 독거노인에게 지속적으로 AI가 건강과 안부를 확인하도록 함으로써, 사회와 세상에 연결되어 있다는 점을 확인해 주도록 하는 것이 필요하다. 어르신들에 대한 이러한 서비스는 단절에 따른 소외로부터 참여를 통한 공존의 의미를 부여할 수 있을 것이다.

결국, 국민 AI 비서는 기술을 통한 효율화가 아니라, 인간 중심의 공공 서비스 혁신을 위한 도구로 이해되어야 한다. 이때의 기준은 비용 절감이 아니라, 시민의 권리 실현과 삶의 질 향상이어야 한다. 다만, 효율성을 높이기 위해서 모든 것을 국가가 개발하기보다는 민간에서 개발된 서비스나 콘텐츠를 연계하는 방안도 고려되어야 한다. 민간과 공공의 융합된 서비스가 갖는 특징은 그러한 점에서 의미가 있다.

모두의 AI와 복지 사각지대의 해소

'모두의 AI'는 기술을 소수의 권한이나 기업의 전유물이 아닌, 사회 전체의 공공재로 규정하는 개념이다. 이러한 개념은 단순한 접근권을 넘어, 복지의 사각지대를 해소하고 디지털 기반 복지 국가로의 전환을 가능케 하는 핵심 인프라로 기능할 수 있다. 특히 고령자, 장애인, 저소득층, 정보 접근 취약 계층은 기존 복지 체계에서도 소외되기 쉽고, AI 기반 서비스 도입에서도 이중의 차별을 겪을 위험이 있다. 모두의 AI는 이들에 대한 디지털 보조 장치이자 권리 강화 메커니즘으로 활용될 수 있다.

예를 들어, AI 기반 국민 AI 비서 시스템은 복지 수급 자격 여부, 신청 절차, 긴급 지원 요청 등의 행정적 장벽을 자동으로 해소하고, 이용자가 음성 · 문자 등 자신에게 편리한 방식으로 복지 서비스에 접근할 수 있게 돕는다. AI는 이용자의 생활 패턴, 거주지, 건강 정보, 취약 지표 등을 분석하여 복지 사각지대의 후보자를 선제적으로 탐지하고, 적절한 서비스 연계를 제안할 수 있다. 특히 단독 노인 가구, 발달 장애 아동 가정, 기초 생활 수급 탈락자 등 현행 시스템이 놓치는 대상을 위한 예방적 복지 모델 구축이 가능해진다.

이러한 기술의 적용은 개인정보 보호, 알고리즘 편향, 자동화 오류 등의 윤리적 쟁점을 동반한다. 하지만 이를 방치하는 것 역시 또 다른 사회적 방임일 수 있다. 따라서 공공 AI 인프라는 '책임 있는 자동화(responsible automation)'를 전제로 설계되어야 하며, 설명 가능성(XAI), 인간 통제 가능성(Human-in-the-loop), 데이터 거버넌스 기준을 충족하는 형태로 구현되어야 한다. 복지 서비스 결정의 최종 판단은 여전히 인간 담당자가 수행하되, AI는 '복지 권리 탐지자'의 역할을 수행하는 방향으로 조정되어야 한다.

법제도적 측면에서는 복지 관련 법률(「국민기초생활보장법」, 「장애인복지법」 등)에 AI 기반 보조 시스템의 활용 근거를 명시하고, 지방 자치 단체가 자체 AI 복지 관리 시스템을 도입할 수 있도록 기술 표준과 재정 지원을 병행해야 한다. 동시에 복지 정보의 통합연계 허용, 알림 서비스의 행정 정보 전환, 공공 데이터세트의 윤리적 재사용 조건 등을 구체화해야 한다. 특히 데이터 부족 지역(농촌, 도서 지역)에서는 AI 개발 · 적용의 형평성을 확보하기 위한 중앙 정부 차원의 보완책이 필수적이다.

궁극적으로 '모두의 AI'는 단순한 기술 복지의 개념을 넘어, 복지의 접근성 · 책임성 · 투명성을 동반한 권리 기반의 사회 구조 재편을 의미한다. 기술은 자산이 아니라 공공복지의 실현 도구가 되어야 하며, AI는 시민 개개인이 자신의 권리를 탐지하고, 행사하고, 확대할 수 있도록 돕는 디지털 기본권의 실현 매개체가 되어야 한다. 복지 사각지대 해소를 위한 AI 도입은 사회적 약자에게 기술적 정의를 실현하는 가장 실용적이면서도 정의로운 전략이 될 수 있다.

09
모두의 AI를 작동시키는 기술: 국민 AI 비서의 구현 로드맵

핵심 기술 아키텍처: 공공 언어 모델과 모듈형 기능 설계

국민 AI 비서의 핵심 기반은 정부 주도로 개발되는 한국어 특화 대규모 언어 모델이다. 이 모델은 단순한 기술 독립성 확보를 넘어, 공공 정책, 행정 정보, 민원 응대 등 한국 사회의 행정 · 생활 언어에 최적화된 AI 응답 시스템을 만드는 데 필수적이다. 해외 LLM들이 갖지 못한 공공성과 투명성, 그리고 한국어 문맥 이해도를 갖춘 언어 모델을 구축하기 위해 국립국어원 자료, 행정 문서, 민원 데이터 등으로 구성된 공공 텍스트 코퍼스를 중심으로 학습이 이뤄져야 한다

또한 국민 AI 비서는 다양한 기능을 모듈화 구조(Function-as-a-Service)로 구현함으로써, 기관별 요구에

맞게 유연하게 조합 가능하도록 설계되어야 한다. 예를 들어, 정책 설명, 문서 요약, 일정 알림, 질의응답, 음성 명령 등 각각의 기능을 별도의 마이크로서비스로 구성하면, 공공 기관이나 지자체가 필요에 따라 손쉽게 원하는 기능만 호출할 수 있다. 이는 초기 구축 비용을 절감하고, 확장성 및 유지 관리 효율성을 크게 높이는 기술적 이점이 있다.

이러한 구조는 서버리스 아키텍처를 통해 더 강화될 수 있다. 중앙 서버 없이 요청 시 자동으로 실행되는 서버리스 구조는, 예산 효율성과 확장성 측면에서 매우 유리하다. 특히 사용량이 일정하지 않은 공공 서비스의 특성상, 탄력적 자원 할당은 성능 유지와 비용 통제의 균형점을 제공한다. 나아가 향후 GPT(Generative Pre-trained Transformer), TTS(Text-to-Speech), OCR(Optical Character Recognition) 등 다양한 AI 기술을 통합하는 '공공 AI 플랫폼'으로 발전시키기 위한 기초 설계로 작동할 수 있다.

데이터 연동 및 행정 서비스 통합

국민 AI 비서는 단순한 대화형 인터페이스가 아닌, 실제 정책 · 행정 서비스와 직접 연결되는 공공 서비스 허브로 기능해야 한다. 이를 위해 정부24, 국민 비서 구삐, 공공 데이터 포털, 보건복지부, 고용노동부 등 주요 기관의 API를 통합 연동해, 행정 정보와 개별 정책을 맞춤형으로 추천하고 안내할 수 있는 구조를 마련해야 한다. 예를 들어 사용자가 "아이 돌봄 지원 받을 수 있을까?"라고 묻는 경우, 사용자의 상황에 맞는 해당 제도와 신청 절차를 정확히 안내해야 한다.

이런 시스템을 가능하게 하기 위해서는, 공공 정책과 제도, 민원 절차를 온톨로지 기반 지식 그래프로 구조화해야 한다. 행정 지식 그래프는 제도 간 관계, 절차 흐름, 조건 연계 등을 논리적으로 표현하는 방식으로, 비정형 자연어 질문에도 의미 기반 검색과 정확한 응답이 가능하게 만든다. "자동차세가 언제 나오지?" 같은 생활 질문에서부터, "장애인 복지 카드 재발급은 어떻게 해?" 같은 세부적인 질문에 이르기까지, AI가 문맥과 규칙을 이해하고 안내할 수 있는 구조가 필요하다.

이러한 행정 서비스 통합형 AI는 국민의 디지털 접근성을 실질적으로 높이고, 공공 정보에 대한 탐색 비용을 크게 줄이는 효과를 가져온다. 특히 고령자, 저소득층, 디지털 문해력이 낮은 계층에게도 정부의 복잡한 정책과 제도를 쉽게 전달할 수 있어, 정보 격차 해소에도 기여할 수 있다. 이는 단순한 기술 통합이 아니라, 디지털 행정의 평등성 실현을 위한 기반 조치다.

개인정보 보호와 신뢰 설계

공공 AI 서비스에서 가장 중요한 것은 국민의 신뢰다. 기술이 아무리 정교하더라도 개인의 정보가 무분별하게 수집되거나, 시스템이 오작동할 수 있다는 불안감이 존재하는 한 국민의 신뢰는 확보될 수 없다. 따라서 '국민 AI 비서'는 기술적 성능보다 먼저 개인정보 보호와 데이터 안전성을 최우선 과제로 설정해야 한다.

특히, 행정정보나 개인 상황에 맞춘 맞춤형 응답 기능은 필연적으로 민감한 개인정보와 연결된다. 이때 사용자의 동의는 단순한 형식적 체크를 넘어, 선택적이고 목적에 부합하는 방식으로 수집 및 이용되어야 하며, 모든 데이터는 암호화, 분산 처리, 접근 통제 등의 안전 조치를 갖춘 상태에서 관리되어야 한다.

이를 위해 건강, 고용, 복지, 납세 등 다양한 공공 정보를 통합 관리하는 마이데이터 플랫폼과 연계하고, 사용자가 자신의 데이터를 직접 확인하고 접근 범위를 통제할 수 있는 구조를 마련해야 한다. 구체적으로는, 사용자가 한 서비스에 로그인한 상태에서 다른 공공 또는 민간 응용 서비스가 일정 범위 내에서 해당 정보를 활용할 수 있도록 표준화된 권한 위임 방식을 통해 구현되어야 한다. 이는 사용자 인증 정보(ID · 비밀번호)를 공유하지 않고도 안전하게 연동이 가능하도록 하여, 보안성과 확장성을 동시에 확보하는 설계 방식이다.

또한, 국민 AI 비서가 단지 빠른 응답만 제공하는 것이 아니라 정확성, 투명성, 공정성이라는 신뢰의 기준을 충족할 수 있어야 한다. 이를 위해 사용자의 질의와 AI의 응답 기록은 익명화된 형태로 저장하고, 사용자가 AI의 응답에 대해 정정 요청, 설명 요구, 신뢰도 표시 등의 기능을 활용할 수 있어야 한다. 국민은 AI에게 "왜 그렇게 판단했는가?", "정책 기준이 바뀐 것인가?"를 물을 수 있어야 하고, 이에 대해 AI는 출처와 논리를 명확히 제시할 수 있어야 한다. 이는 단순한 정보 제공 시스템을 넘어, 책임 있는 디지털 행정의 구현이다.

마지막으로, AI 시스템이 예상치 못한 방식으로 작동하거나, 외부의 악의적 공격에 노출되는 경우를 대비하여, 비상 중단 체계와 중앙 개입 장치를 반드시 갖춰야 한다. 이를 통해 중앙 정부 또는 공공 감독 기구는 긴급 상황 발생 시 AI의 작동을 즉시 중지하거나 개입할 수 있는 '킬 스위치' 및 통제 인터셉터 기능을 활용할 수 있어야 한다. 이는 단순한 기술적 보호 장치를 넘어서, 공공 기술에 대한 민주적 통제 구조의 필수 요소로 작동한다.

결국, '신뢰받는 AI'는 정확한 응답보다, 예측 가능한 통제와 책임 있는 설계에서 출발해야 한다. 국민의 권리 위에 세운 AI만이 진정한 공공 서비스를 구현할 수 있다.

사용자 인터페이스 및 접근성

국민 AI 비서는 누구나 쉽게 접근할 수 있어야 하며, 다양한 플랫폼과 상황에 대응하는 다채널 인터페이스가 필수적이다. 특히 국민이 일상적으로 사용하는 네이버, 카카오톡, 토스, 행정 앱 등과의 연계를 통해, "말 걸면 응답하는 AI 비서"의 형태로 자연스럽게 접근할 수 있도록 해야 한다. 백엔드(Back-end)는 공통되되, 프론트 채널은 다양화되는 구조는 기술 일관성과 국민 편의성을 동시에 확보할 수 있다.

또한 고령층과 문해력이 낮은 사용자들을 위해 음성 기반 인터페이스의 비중을 높여야 한다. 보이스봇 기술을 활용해 공공 키오스크, 복지관 단말기, 모바일 앱에서 음성으로 질문하고 응답받을 수 있도록 하면, 기술에 익숙하지 않은 계층도 쉽게 활용할 수 있다. 음성과 텍스트를 넘나드는 UI/UX는 특히 디지털 소외 계층을 위한 실질적인 포용적 기술 환경을 만드는 데 핵심 역할을 한다.

더불어 다국어 지원, 자막 · 음성 이중 모드, 시각 · 청각 장애인 대응 기능 등 접근성 보장을 위한 설계는 헌법상 평등권 및 사회권 보장의 연장선에서 반드시 실현되어야 한다. 공공 AI는 모두에게 동등하게 작동해야 하며, 특정 이용자군에게 불리하게 작용하지 않도록 디자인 단계에서부터 보편 설계 원칙을 반영해야 한다.

운영 및 거버넌스 구조

국민 AI 비서의 성공적인 운영을 위해서는, 기술적 품질 관리와 정책 통제를 동시에 수행할 수 있는 중앙 운영 기구가 필요하다. 이를 위해 '국민 AI 비서 센터'를 신설하거나, 지능정보원 등 정부 산하 전담 조직 등을 통해 총괄 체계를 구성할 수 있다. 이 기관은 기술 아키텍처 설계, API 표준화, 기능 모듈 유지 관리, 응답 품질 모니터링 등의 역할을 수행한다.

이와 함께 반드시 포함되어야 할 요소는 시민 참여형 거버넌스 구조다. AI 응답의 오류, 편향, 불만족에 대해 국민이 실시간으로 신고하거나 피드백할 수 있는 메커니즘이 필요하며, 이러한 정보를 토대로 서비스 개선, 모델 재훈련, 정책 반영이 이뤄지는 순환 구조가 구축되어야 한다. 이를 위해 'AI 시민 감시단' 또는 '디지털 권리 옴부즈

맨'을 제도화할 수 있다.

거버넌스의 정점에는 시민, 기술자, 법률가, 공무원 등이 함께 참여하는 AI 거버넌스 위원회를 설치해, 공공 AI의 운영 원칙, 윤리 기준, 투명성 보고서 등을 검토하는 역할을 맡겨야 한다. 이는 단지 기술을 잘 운영하는 문제를 넘어, AI가 공공 영역에서 민주적으로 작동하도록 하는 사회적 장치다.

입법 뒷받침: 국민 AI 비서 서비스의 제도적 기반 마련

이러한 국민 AI 비서 서비스를 지속 가능하고 책임 있게 운영하기 위해서는, 명확한 법적 근거 마련이 필수적이다. 현재 '국민 비서 구삐'는 행정안전부 시행 규칙이나 정책 계획에 따라 운용되고 있지만, 그 기능이 AI 기반 질의응답, 개인화된 정책 안내, 행정 지원 자동화로 확장될 경우, 이를 공공 정보권 및 디지털 기본권 실현 수단으로 규정하는 별도의 법률이 필요하다.

입법의 방향은 크게 두 가지로 나뉜다. 첫째는 특별법을 제정하여, 국민 AI 비서를 하나의 공공 제도로 정립하는 방식이다. 둘째는 기존 「전자정부법」, 「공공 데이터법」 등을 일부 개정해, 국민 AI 비서를 핵심 요소로 포함하는 방식이다. 이상적인 방식은 기존 법 개정을 통한 기반 마련 후, 점진적으로 독립 법 제정으로 확장하는 전략이다.

법률에는 AI 비서의 공공성, 접근권, 응답 책임, 설명 가능성, 킬 스위치 운용 기준, 시민 참여 구조 등이 포함되어야 한다. 예를 들어 "국가는 국민 누구나 AI 기반 공공 정보 서비스를 이용할 수 있도록 해야 하며, 해당 서비스의 작동 원리를 설명할 의무를 갖는다"는 조항은 기술을 통한 국민의 권리 실현을 헌법적 · 제도적으로 뒷받침하는 기반이 될 것이다. 이는 기술 정책이 아니라, 새로운 디지털 사회계약의 조문이 되어야 한다.

10
시민이 설계하는 AI 기본 사회: 기술 시대의 새로운 거버넌스

AI 기본 사회의 정의와 가치

AI 기본 사회란 기술이 단지 산업 경쟁력의 수단이 아니라, 모든 시민의 삶의 조건을 형성하고 향상시키는 공공 인프라로 작동하는 사회를 뜻한다. 이 사회는 '기술의 혜택이 모두에게 보장되어야 한다'는 기본권적 사유에서 출발하며, 단순한 AI 서비스 확산이 아니라 디지털 권리의 제도화와 시민 참여를 핵심 원리로 삼는다.

기존 사회계약이 '노동을 제공하고 세금을 내는 시민'과 '복지를 제공하는 국가' 사이의 교환적 계약이었다면, AI 기본 사회는 '기술로 삶을 보장받고, 거버넌스에 참여하는 시민'과 '기술 인프라를 공공화하고 공정하게 운영하는 정부' 간의 포괄적이고 참여적인 계약 구조다. 이러한 사회는 기술 소외나 데이터 착취로부터 시민을 보호하고, 누구나 AI를 설계·감시·비판할 수 있는 디지털 시민권(digital civic right)을 보장해야 한다. 기술은 도구가 아닌 권리 실현의 기반이며, 이를 통해 시민은 보다 주체적인 존재로 변화한다.

AI 기본 사회의 가치는 '효율'이 아니라 '존엄'에 있고, '경쟁'이 아니라 '포용'에 있으며, '속도'가 아니라 '책임'에 있다. 기술이 인간을 대체하는 것이 아니라, 인간을 더 잘 살게 만드는 수단이 되도록 제도와 문화가 함께 뒷받침되어야 한다.

시민 참여형 AI 거버넌스로서 AI 기본 사회

AI 기본 사회는 자동화된 결정의 세계에 시민의 통제를 다시 가져오는 구조를 지향한다. 이를 위해서는 시민 참여형 거버넌스가 필수다. 기술은 공무원이나 전문가의 전유물이 아니라, 시민이 감시하고 조정할 수 있는 구조로 만들어져야 한다.

구체적으로는 각 지자체와 중앙 정부에 AI 윤리·안전·공공성 관련 자문 기구를 설치하고, 시민 패널(Citizens' Assembly)을 정례적으로 운영해 공공 AI 도입과 감시 체계를 시민이 직접 감시할 수 있어야 한다.

AI 정책과 프로젝트는 '설명서'를 시민에게 제공하고,

시민이 의견을 제출하면 피드백을 주는 절차적 정당성 메커니즘이 내장되어야 한다. 기술의 일방적 도입이 아닌, '함께 설계하고 함께 책임지는 방식'이 필요하다.

시민 참여형 거버넌스는 민주주의의 '업데이트'이기도 하다. 법률의 민주적 정당성만으로는 충분하지 않으며, 이제는 기술 적용의 현실 민주성이 중요해졌다. 시민이 감시하는 알고리즘, 시민이 설계에 참여하는 데이터 수집, 시민이 통제하는 공공 AI가 그 구체적 형태다.

시민 중심의 사회계약

기존의 사회계약은 노동 중심의 산업 사회를 전제로 구성된 질서였다. 시민은 일하고 세금을 납부하며 사회에 기여했고, 국가는 그에 대한 보상으로 복지와 보호를 제공했다. 그러나 AI가 인간의 노동을 재구성하고, 기술과 데이터가 새로운 부와 권력의 원천으로 자리 잡은 시대에 이 계약 구조는 더 이상 유효하지 않다. 우리는 지금, 지능 정보 사회에 맞는 사회계약을 다시 써야 하는 전환점에 서 있다.

이 새로운 사회계약은 노동이 아니라 기술을 매개로 한다. 시민의 기여는 더 이상 임금 노동에 국한되지 않는다. 데이터 제공, 알고리즘 상호작용, 공공 AI 서비스 활용, 정책 설계 참여 등 기술 기반의 활동이 기여의 방식이 된다. 이에 대한 보상도 기존의 생존권 중심 복지를 넘어서, 기술 수혜권, 디지털 권리, 알고리즘 설명권 등으로 재구성되어야 한다. 이 구조는 비정형 노동자, 비경제 활동 인구, 청소년, 고령자 등 기존 계약 바깥에 놓였던 이들을 새로운 '기술 계약의 당사자'로 포섭한다.

'모두의 AI'는 이러한 새로운 계약의 분배적 비전을 담고 있다. 하지만 이 비전은 지속 가능한 디지털 성장을 기반으로 할 때만 실현 가능하다. 공공은 AI 인프라에 대한 책임을 지고, 민간은 그 위에서 혁신을 주도하는 생태계를 형성해야 한다. 공공 LLM 개발, 개방형 API 제공, AI 바우처 제도 같은 정책은 기술 진입의 문턱을 낮추고, 기술 확산이 곧 생산성 향상과 신산업 창출로 이어지는 선순환 구조를 만들어야 한다.

이제 사회계약의 중심은 참여와 통제로 이동해야 한다. 시민은 단지 기술의 사용자에 머무르지 않고, 정책에 영향을 미치고, 알고리즘을 감시하며, 자신의 데이터를 통해 사회에 기여하는 존재로 자리 잡아야 한다. 이는 시민을 다시 공공의 주체로 복원하는 정치적 재구성이다. 복지국가가 분배 중심의 사회계약이었다면, AI 기본 사회는 참여 중심의 사회계약이다. 새로운 기술 환경에 걸맞은 권리와 책임의 구조는 기존 법제도의 전면적 재설계를 요구하는 과제이기도 하다.

AI 정책 결정에 대한 시민 참여

AI 정책은 기술 전문가나 중앙 정부만의 몫이 아니다. 시민의 일상에 깊이 관여하는 기술일수록, 시민이 정책 결정 과정에 정기적·실질적으로 참여할 수 있는 통로가 확보되어야 한다. 이를 위해 'AI 시민 포럼', '참여 예산 AI 특화 항목', '지역 단위 시민 자문단' 등이 제도화되어야 한다.

특히 공공 AI 인프라의 설계나, 공공 데이터 수집 정책, 국민 AI 비서의 기능 확대 등은 사전 의견 수렴 절차를 갖춰야 하며, 시민의 피드백이 정책에 반영되는 피드백 루프 구조가 필요하다. 온라인 플랫폼과 AI 자체를 활용한 'AI가 의견을 요약해 주는 정책 제안 플랫폼'도 가능하다.

또한 정책의 투명성과 설명 가능성도 시민 참여의 핵심 조건이다. 정책 결정에 사용된 알고리즘이나 데이터는 반드시 공개되어야 하며, 일정 수준 이상의 공공성 평가를 거쳐야 한다. 이는 '정보에 대한 접근이 곧 참여의 시작'임을 의미한다.

시민의 정책 참여는 단지 '의견 제출'에 머물지 않고, 정책 실행 후의 평가, 모니터링, 감시 활동까지 확장되어야 한다. 이와 연계된 시민 교육, AI 감시단, 윤리 평가 위원회 등을 구성함으로써 '정책 공동체'로서의 시민 역할이 제도화된다.

공공 알고리즘 감사 제도와 시민 모니터링

AI 기본 사회는 시민이 공공 알고리즘을 감시할 수 있는 제도적 감시권을 보장해야 한다. 그 핵심은 공공 알고리즘에 대한 독립적 감사 제도와 시민이 참여하는 감시 구조다. 이는 알고리즘의 블랙박스화를 방지하고, 행정 권력의 자동화를 민주적으로 통제하기 위한 기반이 된다.

우선적으로는 행정 알고리즘을 대상으로 한 '공공 알고리즘 감사 위원회'를 설치하고, 알고리즘의 구조, 데이터 소스, 오류 가능성, 차별 유발 여부 등을 정기적으로 검토해야 한다. 이 과정에는 시민 대표, 윤리 전문가, 기술 전문가가 함께 참여해야 한다.

또한 시민은 자신의 정보가 어떻게 사용되었는지에 대한 설명 요구권과 이의 신청권을 갖고, 이를 처리하는 대통령 소속의 기본사회위원회, 국가AI위원회 또는 국민권익위원회 등 관련 위원회 산하에 AI 국민권익센터 같은 전담 기구를 두는 것도 고려할 필요가 있다. 이 제도를 통해 시민은 데이터 주권과 알고리즘 통제권을 실질적으로 행사할 수 있게 된다.

알고리즘 감시는 기술적 전문성이 필요하지만, 이를 이유로 시민을 배제해서는 안 된다. '감시 권한의 시민 주권화'를 위해, 설명 가능한 언어로 정보를 공개하고, 시민 감시단 양성 프로그램, 시범 감사 프로젝트 등을 통해 제도적 정착을 도모해야 한다.

결국 공공 알고리즘 감사는 민주적 통제의 최전선이며, 시민이 디지털 사회에서 단순 수용자가 아니라 설계자 · 감시자로 작동하는 체계를 만드는 일이다.

모두의 AI 기본 사회 선언문: 기술과 권리의 새로운 사회계약을 위해

인공지능이 인간의 삶과 사회의 구조를 빠르게 재편하고 있다. 행정은 자동화되고, 교육은 AI 튜터와 함께 이뤄지며, 복지와 의료조차 AI 기반 시스템에 의존하게 되었다. 기술은 더 이상 특정 산업의 도구가 아니라, 시민 모두의 일상에 깊이 침투한 사회적 인프라가 되었다. 우리는 이 전환의 시점에서 기술을 공공의 영역에 포함시키고, 권리의 틀로 제도화할 것을 요구한다. 그것이 우리가 말하는 AI 기본 사회의 출발점이다.

기존의 사회계약은 노동과 납세를 기초로 국가와 시민

사이의 역할을 나누었다. 그러나 AI 시대는 인간의 노동을 기계가 대체하고, 데이터와 기술이 새로운 자원이 되는 세계를 열었다. 이 새로운 사회에서, 우리는 기술을 누릴 권리와 기술을 감시할 책임이라는 이중의 권리-책임 구조를 시민의 지위로 받아들여야 한다. 기술은 소수가 독점할 수 있는 것이 아니라, 사회 전체가 함께 소유하고 함께 통제해야 할 공동재다.

AI는 모두의 것이다. 그렇기 때문에 모든 시민은 AI에 접근하고, 그 혜택을 공정하게 누릴 수 있어야 하며, 기술의 판단과 결정에 대해 설명을 요구하고, 그 과정에서 차별받지 않아야 한다. 우리는 이 모든 권리를 AI 기본권이라 부른다. 이는 단순한 선언이 아니라, 헌법과 법률 속에 명시되어야 할 새로운 디지털 사회권이다.

데이터는 AI의 생명 줄이지만, 그 데이터는 결국 시민의 삶에서 비롯된 것이다. 그렇기에 우리는 데이터에 대해 소유만이 아니라 통제권, 보상권, 이용권을 갖는다. 데이터의 공공성을 제도화하고, 공공과 민간이 공동으로 AI 학습 자원을 구축하며, 공정한 데이터 보상 구조를 만드는 것이 국가의 책임이 되어야 한다.

AI를 활용한 공공 인프라 역시 시민 모두를 위한 것이어야 한다. 공공 GPU 클러스터, 언어 모델, 국민 AI 비서

같은 기술 인프라는 공공 자산으로 설계되고 운영되어야 하며, 민간 기업과 스타트업에도 공정한 접근 권한이 보장되어야 한다. 기술 주권은 폐쇄적 통제가 아니라 개방적 공공성 위에서 실현될 수 있다.

AI는 우리 사회의 새로운 불평등을 낳고 있다. 디지털 소외, 기술 혜택의 편중, 지역 격차는 기술 발전의 그림자다. 우리는 AI 바우처, 디지털 접근 지원, 기술 기반 사회보장 제도 등을 통해 포괄적 기술 복지 체계를 마련해야 한다. 기술이 사람을 배제하는 것이 아니라, 기술을 통해 누구도 배제되지 않는 사회를 만들어야 한다.

이를 위해 모든 국민은 AI를 이해하고 활용할 수 있어야 한다. 학교, 지역, 직장, 노년층을 대상으로 하는 AI 리터러시 교육은 공교육과 평생 학습의 중심으로 자리 잡아야 하며, 디지털 시민 문화는 공론장에서 실질적인 표현과 참여로 이어져야 한다.

노동의 영역에서도 변화가 필요하다. 자동화와 플랫폼 노동은 인간의 존엄을 위협할 수 있다. 우리는 전환 소득, 디지털 식업 교육, 기본 소득 같은 제도를 통해 일과 기술 사이의 새로운 균형을 모색해야 한다. AI는 인간의 노동을 대체하는 것이 아니라, 인간과 협업하며 사회적 가치를 창출하는 방식으로 제도화되어야 한다.

기술이 커질수록 위험도 함께 커진다. 우리는 AI의 오류, 악용, 보안 위협으로부터 사회 전체를 지키기 위한 복원력 체계와 안전 인증 시스템을 구축해야 한다. 기술은 예외 상황에서도 멈출 수 있어야 하며, 사회는 예기치 못한 피해를 회복할 수 있는 제도적 기반을 갖추어야 한다.

무엇보다, 이 모든 과정에서 시민이 설계에 참여해야 한다. AI 기본 사회는 시민의 감시와 통제 아래에 작동해야 하며, 정책 설계와 집행, 공공 알고리즘의 감시와 평가 등 모든 영역에서 시민 참여형 거버넌스가 제도화되어야 한다. 기술 민주주의는 시민 없는 전문가주의가 아니라, 시민이 기술을 이해하고 통제하는 구조에서 비로소 완성된다.

이제 우리는 선언한다. 기술은 공공의 것이며, 권리는 기술을 넘어서야 한다. AI는 모두의 것이다. 기술의 방향은 몇몇 기업의 손이 아니라, 모두의 손에서 함께 결정되어야 한다. 이것이 우리의 새로운 사회계약이며, AI 기본 사회가 그 출발점이다.

AI 기본 사회와 '국민주권정부': 기술로 구현하는 참여 민주주의

AI는 단지 정보를 전달하는 수단이 아니라, 민주주의를 작동시키는 새로운 질서의 매개체가 될 수 있다. 이재명 대통령이 선언한 '국민주권정부'는 국민의 일상적인 참여와 피드백의 순환 구조 안에서 재확인되는 거버넌스로 이해된다. '국민이 주인인 나라, 진짜 대한민국'이라는 슬로건은 이러한 가치를 상징한다. 이는 AI 기본 사회가 지향하는 원칙인 AI 기술은 모두에게 열려 있어야 하며, 누구도 기술에서 배제되어서는 안 된다는 원칙과 정확히 맞닿아 있다.

AI 기반 기술은 대표성과 통제를 동시에 구현하기 어려웠던 기존 행정 시스템의 구조를 바꾸는 참여적 전환 도구가 될 수 있다. 예컨대 '국민 AI 비서'는 단순한 정보 제공 기능을 넘어서, 시민이 행정에 질문하고 반론하며 제안할 수 있는 양방향 인터페이스로 작동할 수 있다. 정책 결정의 배경이나 기준이 명확하지 않을 때, 국민은 AI 시스템을 통해 "왜 이 정책이 필요한가?", "다른 대안은 무엇인가?"를 실시간으로 묻고 응답받을 수 있다. 이는 설명 가능성이라는 기술 원칙이 정치적 책임성과 민주적 숙의의 확장으로 연결되는 구조다.

또한 AI는 참여의 기술적 진입 장벽을 낮추고 디지털 주권의 실질화를 촉진한다. 온라인 공론장, 국민 제안 플랫폼, 정책 투표 시스템 등은 고도화된 언어 처리, 감정 분석, 요약 기술을 통해 누구나 쉽게 자신의 의견을 표현하고 정책으로 반영될 수 있는 구조를 제공한다. 과거의 행정이 선택된 전문가의 언어로 구성되었다면, AI는 다양한 언어와 감정, 삶의 맥락을 인식하고 조직화하는 능력을 통해 다층적인 참여를 가능하게 한다.

무엇보다 중요한 점은 모두의 AI가 정부의 도구가 아니라 국민의 도구로 작동해야 한다는 점이다. 참여민주주의는 단순히 정보를 소유하거나 열람할 수 있는 권리에서 멈추지 않는다. 핵심은 시민이 그 정보에 기반해 정부 정책에 대해 질문하고, 이의를 제기하거나 대안을 제시하며, 실제로 정책 결정 과정에 영향을 미칠 수 있도록 제도적 통로를 갖추는 데 있다. 이재명 정부의 '국민주권정부' 구상은 기술과 정치, 권리와 참여가 분리되지 않는 새로운 거버넌스 모델을 제시하며, AI 기본 사회는 이러한 구조를 제도와 기술이 만나는 지점에서 구체화할 수 있다. 이를 위해 헌법 개정 시 디지털 국가 원리가 헌법의 통치 이념에 반영될 수 있도록 하는 것도 필요하다.

결국 기술은 통치의 수단이 아니라, 국민의 참여를 구성하는 인프라가 되어야 한다. AI를 통해 실현되는 기본사회는 더 많은 데이터를 수집하는 체제가 아니라, 더 많은 시민이 권리를 행사할 수 있는 민주주의의 확장판이다. 그것은 이제 선언이 아니라 설계와 실천의 문제다.

김윤명

디지털정책연구소(DPI) 소장이다. 남도의 니르바나, 땅끝 해남에서 태어났다. 광주 인성고등학교와 전남대학교 문헌정보학과를 졸업하고, 경희대학교에서 지식재산법을 전공해 박사학위를 받았다. 현재는 세종사이버대학교에서 정보보호학을 공부하고 있다. 네이버 정책수석, 소프트웨어정책연구소(SPRi)에서 소프트웨어와 인공지능 법제 연구를 맡았으며, 국회에서는 보좌관으로 입법과 정책을 다루었다. 이재명 경기도지사 캠프와 인수위인 새로운경기위원회에서, 그리고 이재명 대통령후보(20대, 21대) 캠프에서 활동했다. 대통령소속 국가지식재산위원회 AI-IP 특위에서 AI 시대에 변화하는 지식재산의 지형을 함께 그렸다. 경희대학교 법무대학원에서 '인공지능법'을, 전남대학교 데이터사이언스대학원 '데이터사이언스 법과 윤리'를 강의하며 다음 세대를 준비하고 있다.

사유하고 질문하고 기록하는 일은 일상이다. 『블랙박스를 열기 위한 인공지능법』은 교육부 우수학술도서로, 『게임법』, 『게임서비스와 법』, 『인터넷서비스와 저작권법』은 문화체육관광부 세종도서(우수학술도서)로 선정되었다.

시를 짓고 사진을 찍는다. 두 아이들의 강하중학교에서 발간한 시집 『나에겐 비도 맛있다』에 몇 편의 시를 담았다. 아내와 아이들, 그리고 시고르자브종 리카와 밴, 동네 골목, 바람과 하늘, 꽃과 나무 등 세상의 모든 숨결이 그의 렌즈에 깃든다. 사람들의 짠하고도 아심찬한 풍경을 기록한다. 시집을 내고, 사진 갤

러리를 여는 것이 꿈이기도 하다.

집안에 '도서관N'을 세웠다. 정사서 1급 자격증을 가지고 있지만, 도서관장은 아내다. 'N'은 네이버와 한게임의 합병법인 NHN(Next Human Network)에서 따온 'Next'를 의미한다. "도서관엔(N) 뭐가 있을까? 도서관엔(N) 길이 있지! 도서관 다음엔(N) 뭘 만들지?" 이런 장난스런 물음 속에 세상을 향한 다음 걸음을 품는다. 언젠가 모두를 위한 더 큰 도서관N을 짓겠다는 꿈을 품고 있다.

그는 다시 길을 내려 하고 있다.

AI를 비롯한 디지털 법제와 정책을 연구하기 위해 양평에 '디지털정책연구소(Digital Policy Institute)'를 세웠다. 그와의 인연은 digitallaw@naver.com을 통해 이어질 것이다.